50代から自分を生かす頭のいい副業術

中山マコト

JN107902

青春新書
INTELLIGENCE

あなたの経験知を必要としている人は必ずいる
――はじめにに代えて

中山マコトと申します。

フリーランスとして独立後、毎年、新しいビジネスジャンルを増やしてきました。そしてそのほとんどを成功させてきました。もちろん失敗したモノもありますが、その失敗はまさに経験知を増やすことに役立ってくれました。

普通、経験「ち」というと「値」と書きますが、私は「経験知」、知を使います。経験したことがすべて「知識になり」、未来を手助けしてくれるからです。

そう、副業とは「経験知」を生かす仕事です。そしてその経験知をお金に換える仕事です。

特に50歳を過ぎた方にこんな話をすると「私にはそんな経験なんてありませんよ」と言う方が多いです。平凡なことしかやってきていないのだ、と……。

ですが、本文を読んでいただければわかりますが、副業には「派手で華やかな経験」なんて必要ありません。

下手をすると、そうした「過去の栄光」が、逆に縛《しば》りになってマイナスに作用するかもしれないんです。

目覚ましい実績なんてなくても大丈夫。

逆に**平凡、普通だからこそ可能性が高まる！**　そうとすら言えるんです。

実際、これからご紹介していきますが、私のところに相談に来た方でも、多くはそんな派手な実績なんて持っていない方がほとんどです。でも、ちゃんと副業、やれています。


それからもうひとつ。

インターネットやＳＮＳの知識がないとダメなのでは？　と思っている方も多いようですが、それも杞憂《きゆう》です。

というか、私自身、できるだけネットのチカラを借りないやり方を奨《すす》めていますし、運営会社の都合で仕様とか条件がコロコロ変わるネット・ＳＮＳは逆に足かせになりかねないのです。

そんな**「他人」が創ったインフラに頼らず、自らの特長を生かした副業**で成功する。

つまり、無理せず、あなたの持ち味を生かす「頭のいい起業」、それが本書でお伝えしたいことです。

この本は、おもに50代の人を想定して書きました。

人には必ず「持ち味」があります。50代ともなれば、さまざまな仕事&人生経験から来る、その人ならではの「持ち味」が必ず備わっています。

それを賢く副業に生かして、人生をもっともっと豊かにしよう、というのが本書の主旨です。

もちろん、本の中で紹介している事例は20~40代の人たちのものもありますので、どんな世代の人が読んでも役に立つ内容になっていると思います。

そして、そのいずれもが、毎月5万円以上の副収入になっている例ばかりです。

私は自分自身、フリーランスとして起業以来、多くの仲間たち、つまり「起業して成功したいと願う人たち」の相談に乗ってきました。

その多くは、起業に成功し、今を楽しく生きています。が、中には「あなたには起業は向いていないよ」とか、「あなたが起業するのは今ではないかも？」と、起業を押しとどめた人も沢山います。

そして彼らに教えたのが「副業のやり方」でした。

副業でチカラをつけてから起業をする。
副業でビジネスの「いろは」を学んでから起業する。
副業で信用と人脈を作ってから起業する。

そんなアドバイスから副業をスタートし、結局、起業をしなくても済んでしまったという人も多いんです。

今、ある種の副業ブームです。これまで日本企業の多くは就業規則で「副業禁止」としているケースが一般的でした。

ですが、ここ数年で、副業を解禁した会社が加速度的に増えています。

自分の“売り”が必ず見つかる
中山式副業成功術

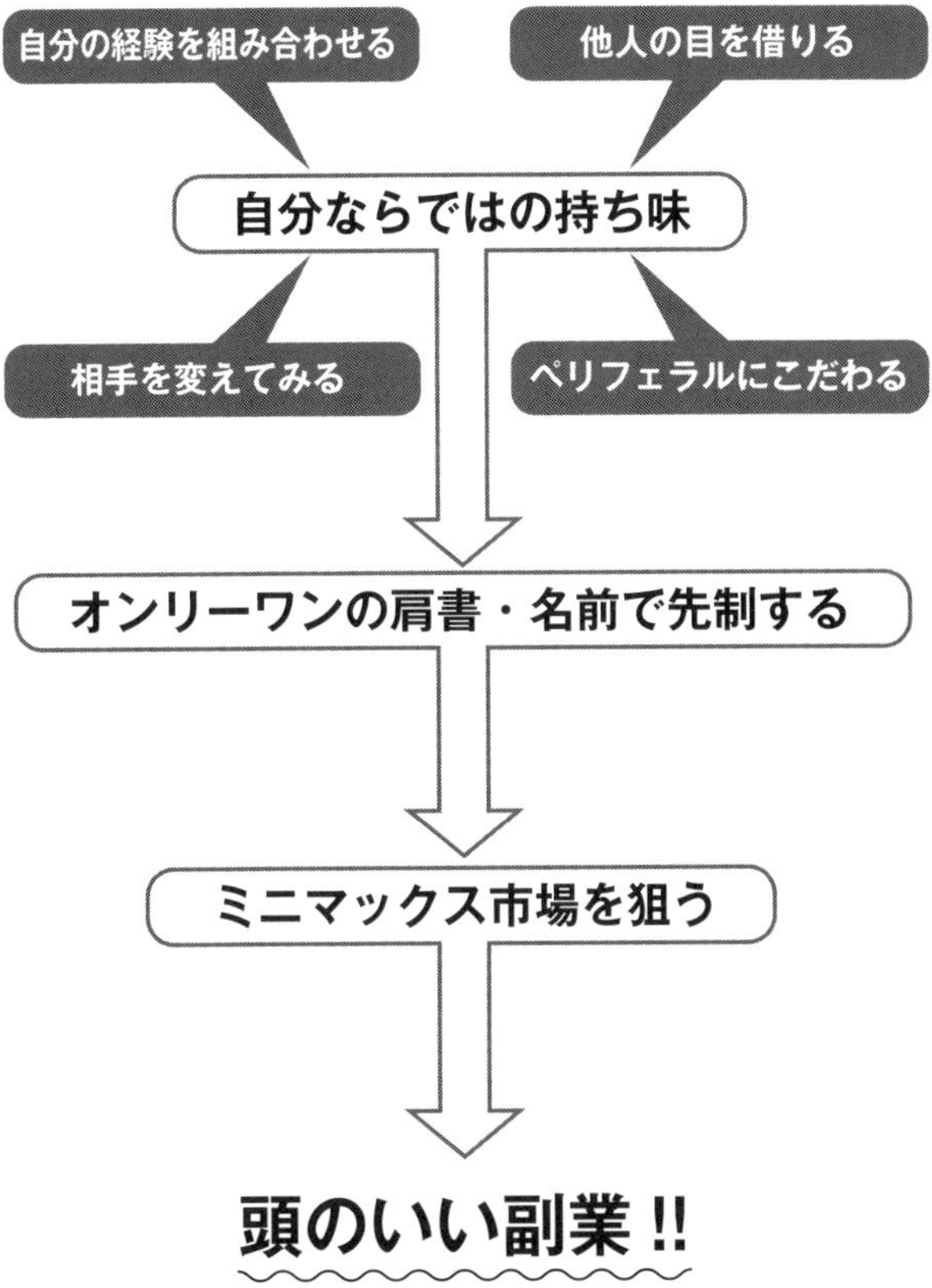

多くの事例を紹介しながら、
本文でこの流れを説明していきます。

加えて、政府も働き方改革の一環として、副業を奨励・促進しています。つまり、「胸を張って」副業ができる時代になってきたわけです。

今、在籍する会社や組織を離れず、もちろん揉《も》めることも気兼ねすることもなく、本業+副業で生きていける時代になったんです。

言い切ってしまえば、「今こそ、副業のチャンス」なんですよ。

副業にはビジネスのエッセンスがギュッと詰まっています。

そして、そこではあなたの「持ち味」を十分に生かすことができます。

あえて転職を考えたり、あえて起業の荒波に向かうくらいなら、副業を選ぶという生き方もあるのです。

あなたの持ち味を存分に生かした、無理をしない「頭のいい副業」。

ぜひ、チャレンジして、あなたらしい生き方を見つけてほしいのです。

50代から自分を生かす頭のいい副業術

目次

第1章　〝なんてことない〟キャリア・経験はお金に換えられる！

第2章　副業に〝常識《セオリー》〟や〝成功パターン〟なんていりません！

第3章 月5万円に換えられる、自分の〝持ち味〟に気づいてますか

第5章 自分にふさわしい副業が見つかる3つのステップ

第6章 こんな副業のカタチも知っておこう

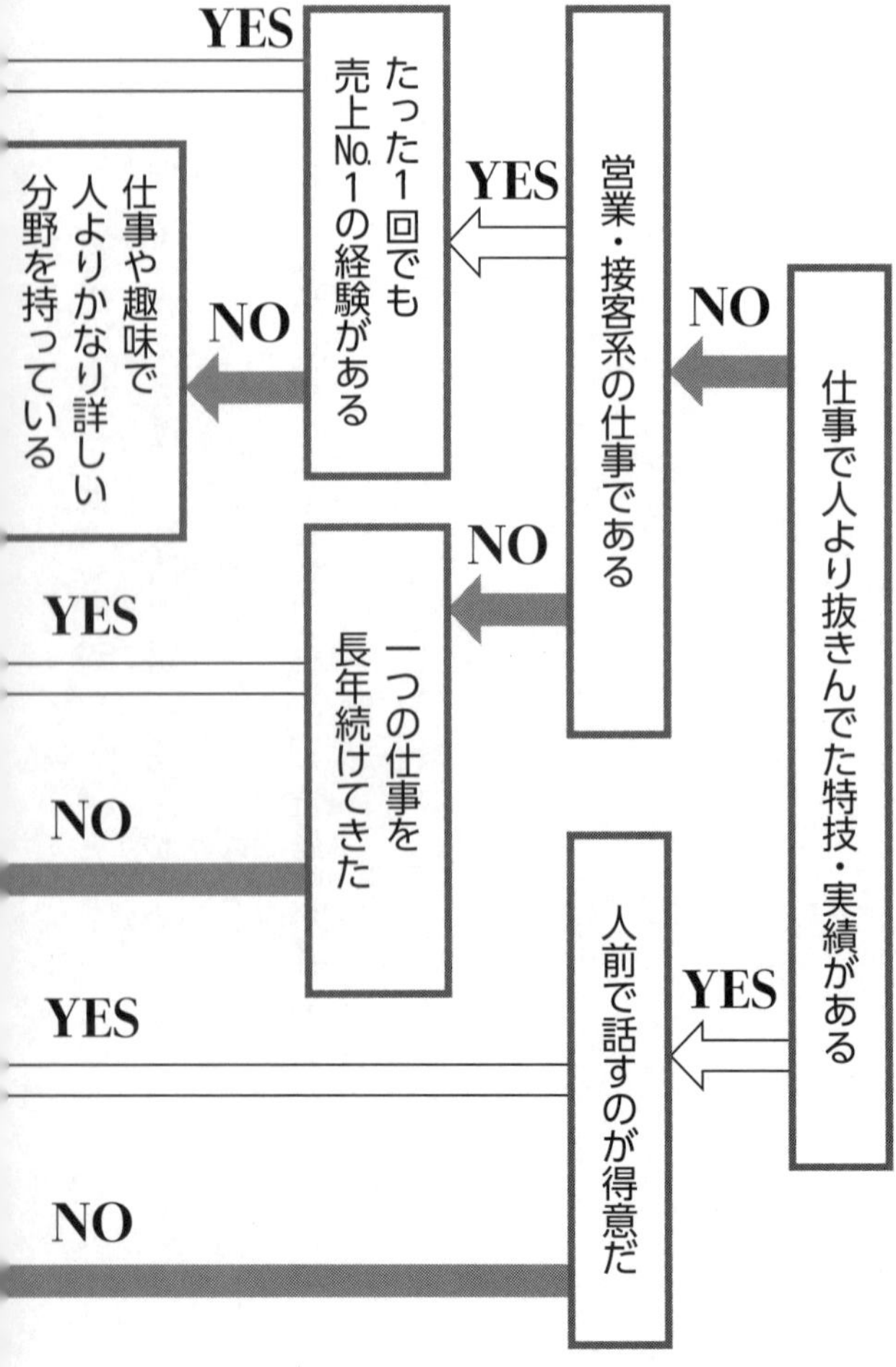
仕事で人より抜きんでた特技・実績がある
NO
営業・接客系の仕事である
YES
人前で話すのが得意だ
YES
たった1回でも売上No.1の経験がある
NO
一つの仕事を長年続けてきた
YES
NO
YES
NO
仕事や趣味で人よりかなり詳しい分野を持っている
YES
NO

※1つの目安として試してみてください。

自分の持ち味を生かせる副業が見つかるチャート

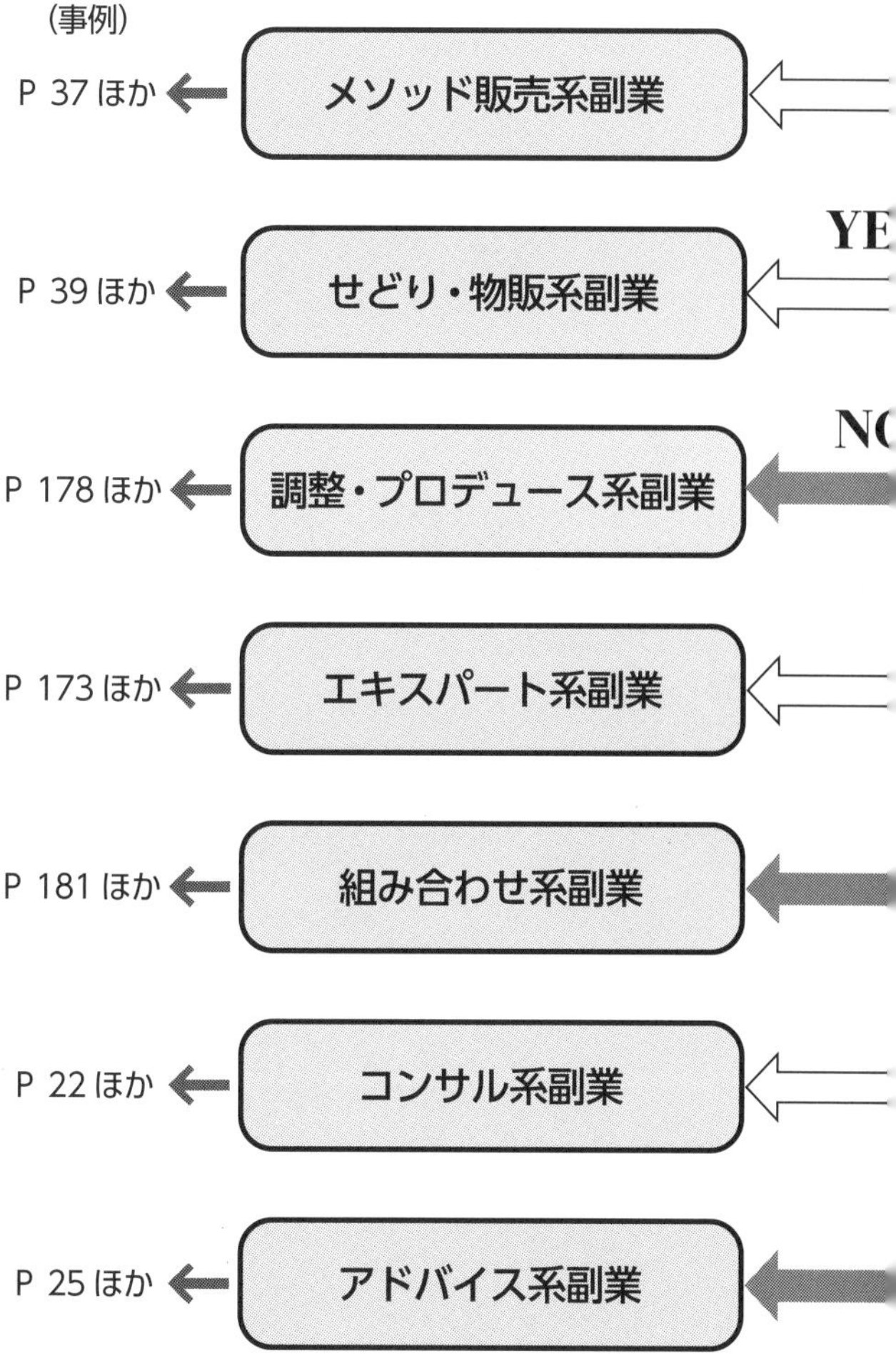

書籍コーディネート／インプルーブ
本文ＤＴＰ／エヌケイクルー

第1章

〝なんてことない〟キャリア・経験は
お金に換えられる！

まずは本書のテーマでもある「持ち味」を生かす「頭のいい副業」についてお話ししましょう。

この章を読んでいただければ、「自分は副業に向いていないんじゃないか?」「副業をやる資格なんてないのでは?」という考え方がいかにナンセンスなものかを、ご理解いただけると思います。

誰でも〝それなり〟を持っている

事例①～本業の知識を生かして、会社が拾わない小さな案件を副業に

仙台に松尾公輝さんという人がいます。彼はそもそも、静岡にある中堅の広告代理店に勤めるサラリーマン。一年中、朝から晩まで忙しく働くサラリーマンでした。

で、その松尾氏の在籍した会社。静岡にあるということで、伊豆半島のクライアントが増えていくんです。そう、旅館とかホテルです。

少しでも集客につながるチラシを作れないか?

お客さんを呼び込むプランを考えてほしい！

旅館・ホテル専門の広告会社でもないのに、こうしたオーダーがひっきりなしにやってきます。そのメイン担当が松尾氏でした。

松尾氏は、旅館・ホテルからのオーダーに必死で応えました。本気で取り組みました。結果、自腹で旅館・ホテルに８００泊し、１６００日以上、旅館・ホテルで過ごすことになりました。

そして、知らず知らずのうちに、旅館・ホテルに関しては、何でもわかる人になっていくのです。

そんな中、本業の広告の企画・営業をこなしながら、たいして利益にもならない、小さな仕事もこっそり引き受けるようになっていきます。

これ、会社には言えません。そんな利益の薄い、でも手間のかかる仕事に関わっている余裕は会社としてはないからです。

でも、松尾氏はそうしたクライアントを見捨てませんでした。会社には内緒で、全力で手助けしました。結果、クライアントの成果も上がりました。

そんな中、旅館・ホテルから、松尾氏に直接仕事の依頼が来るようになります。

これ、当然ですよね。ですが、先ほども話した通り、会社の正式業務としては受注できない。でも、クライアントは困っている。その仕事がうまくいけばクライアントの業績は上がるかもしれない。悩めるクライアントを救えるかもしれない。

そんなジレンマの中、松尾氏は会社と交渉し、本業に支障をきたさないなら……という条件で、それらの仕事を受けるようになっていきます。

そう、副業スタートの瞬間です。

やがて松尾氏の熱心で丁寧な仕事ぶりが評判を呼び、松尾氏は業界でも有名人になっていきます。

以降、家庭の事情で静岡から秋田の支社に移ることになっても、秋田を含めた東北は伊豆半島以上に温泉のメッカ。

松尾氏を頼る旅館・ホテルは引きも切りません。松尾氏の評判は高まるばかりです。噂が噂を呼んで、仕事の切れ目はありません。

結局、松尾氏はそれらの仕事を引っ提げて、腕利きの旅館・ホテルのコンサルタントとして独立することになるのですが、それはまた別の話として……。

事例②～いつもの〝当たり前〟の仕事が、他業界には貴重なノウハウに

もう一例、吉田裕子さんは某化粧品通販の会社でコールセンターのオペレーターをやっていました。

かれこれ10年。毎日お客さまからの問い合わせ、質問、クレームなどに対応してきました。

やはり一番キツいのはクレーム。

一方的に攻撃してくる方も多く、クレーム電話が多い日は帰宅するとグッタリ。家事をやる気力も湧かない日が多くなります。

ある時、裕子さん、大学時代の仲間との飲み会に参加しました。気晴らしになればいいなと考えたのです。

で、10人くらいの仲間たちとおいしいお酒を飲み、いい感じになった頃、散会になりました。

まだ飲み足りない数人でもう一軒行くことに。裕子さんもなんとなく帰りそびれ、一緒

に行くことになりました。

向かった場所は銀座のこじゃれたバー。おいしいウイスキーを楽しんでいると、メーカーの広報に勤める良子さんが愚痴をこぼし始めます。

それは広報にかかってくるクレーム電話についてでした。

商品の不具合も含め、毎日数件は必ずかかってくるそうで、多くはお客さまの勘違いによるものです。

ですが、お客さまはそんなことはお構いなし。一方的にまくしたてられることがほとんどで、良子さんも胃に穴の開《あ》くような日々を過ごしていると言います。

裕子さんはその話を聞いて、とても他人事とは思えず、「私ならこうするけどな〜」と自らの体験を語りました。

「そのやり方、すごい！　裕子、クレーム電話への対処の仕方、もっと詳しく教えてよ！少しならお金払うよ！」と言われたのはその時でした。

それからしばらくして、良子さんから連絡が来ました。彼女の部署で正式に裕子さんの話を聞きたいというのです。

もちろん謝礼は会社として払うから、ということ。それなら胸を張って話せると、引き受けました。

謝礼はともかく、困っている人がいるのならと裕子さんは匿名《とくめい》を条件にその会に参加し、広報のメンバーたちにクレーム対応の方法を伝授します。

もちろん裕子さんのやり方がすべて正しいとは限りません。ですが裕子さんが10年にもわたって蓄積してきた経験は、良子さんの同僚たちには目から鱗《うろこ》の話だったらしく、とても感動してくれました。

裕子さんはある日、一念発起してFacebookで「クレーム電話への対応法、お教えします」という記事を書いてみました。単純に「思い」と「対処法」を書いて投稿しただけです。

すると、驚くべきことに何人もの人から「ぜひもっと詳しく知りたい！　教えてほしい」という声が届いたのです。

裕子さんは時間を調整し、会場を借り、休みの日を使ってクレーム対応セミナーを開いてみました。するとこれがとても評判がいい。すぐに二回目をやってくれというオーダーが来ます。

会社が休みの日を使って実施する裕子さんのセミナーは人気を呼び、毎月延べ30人くらいの人が参加してくれるようになっています。


実は裕子さん、セミナーが縁で、ある企業とクレーム対応コンサルタントとして契約も交わすようになりました。こうして裕子さんの副業人生がスタートしたのです。

もちろん、副業をやりたいと思って始めたことではありません。いつの間にか身につけたクレーム対応の技術。**自分にとっては至極当たり前のことが、実は他の会社で苦しむ人にとっては大きな福音となること。救いの手になること。**それに気づいたからこそ、副業の道に踏み込んだのです。

まさに、無理をしない「頭のいい副業」です。


副業が順調とはいえ、裕子さんは本業をやめるつもりは毛頭ありません。なぜなら本業をやっているからこそ、沢山のケースに出合えるし、クレームのパターンはまだまだ尽きることはないからです。

本業をやめてしまっては、クレームの事例を仕入れる道が閉ざされてしまう。それでは新たなクレーム対応のノウハウはそこで止まってしまうし、新鮮なノウハウを教えることはできません。

裕子さんにとって今や、外でクレーム対応術を教えることは収入面でも本業を凌駕《りょうが》するレベルになりました。

が、それはあくまでも副産物。

彼女の願いは、世の中からクレーム対応で苦しむ人を減らすことです。

小さな会社でいつの間にか身につけた技術は、同じような仕事に携わる人への助け舟になっていたのです。

副業を始めよう！　そう意気込んでスタートする人ももちろんいるでしょう。ですが、裕子さんのように、いつの間にやら世の中の役に立つ、苦しむ人を救うことのできる技術を身につけ、それを世の中に伝えていく。そんな生き方もあるわけです。それこそ頭のいい生き方だと思うんです。

副業にはノルマがありません。成績の評価もされません。つまり、自由に自分らしく、主導権を持って関わることができる。そこが魅力だと裕子さんは言います。

このように、自分自身は気づいていなくても、いつの間にか世の中の役に立つこと、誰かを救うこと、そんな力が身についているもの。

気づいていないのは自分だけなのです。

あなたも今、自分が手がけている仕事が誰かの役に立つのかも？　という目で自らを見つめ直してみるといいかもしれませんね。

月10万円しか稼げない人は、「月10万円も稼ぐ」人でもあるんです

副業で何千万円も稼ぐ人がいる。それも事実です。が、あなたが目指す副業は本当にそれですか？　と問いたいです。

副業はそもそも本業があり、それとの対比で語られるべきものです。本業を超えてしまったらそれはもはや副業とは言えない。本業です。

つい先日、私の本を読んだ方から連絡があり、副業の相談を受けました。彼は「副業を始めてみたんですが、毎月10万円程度しか稼げない」と嘆くわけです。

私は言いました。

「副業でいくら稼ぎたいの？」

彼の答えは「年収で500万円」ということでした。

「いやいや、それはもう本業でしょ？　500万円稼ごうとするなら今の仕事＝本業をやめないと無理ですよ」と伝えました。

それよりもね……と私。

月収10万円がコンスタントに稼げているのなら、それは立派なこと。そこまでもいかない人が大半だから。

で、彼に、全然稼げていない人に向けて、「副業で月収10万円をコンスタントに稼ぐ方法」を教える副業をやってみたらどうですか？　と言いました。

この発想、大事です。

かりにあなたが、2年にわたって、ほぼ10万円を毎月副業で稼げているとしましょう。

あなた自身は、その金額を「たった10万円」と思うかもしれません。ですが、こう考えてみてください。

1か月に10万円も稼げない人が世の中のほとんどなんだと。

あなたから見たら「たかが10万円」でも、稼げない人から見たら、それは実はすごいこと。あなたはすぐに上を見て、月に100万円を稼げる人がすごい！　自分なんて存在すらないようなものだ！　と思うかもしれません。

ですが、先ほども話した通り、10万円すら稼げない人から見たらそれは素晴らしい能力なんです。

本業を持ちながら、その本業に支障をきたさない範囲で毎月コンスタントに10万円を稼ぐ。そのやり方を知りたい人はヤマのようにいると思うんです。

ですから、あなたは本業をやりながら、しかも副業にも携わりながら、そのノウハウをお金をいただきながら教える！　という「副業ノウハウの収入化」の新たな副業を始めることができる。


そしてこれもまた重要なことですが、副業を目指す人のみんながみんな、何百万とか何千万とか何億とか、そんな巨額を稼ぎたがっているのか？　と言うとそれは違います。逆に大きなお金を目指すのは怖い！　と言う人も沢山います。

そんな「スモール副業」を目指す人にとっては、大きくドカンと稼ぐ人よりもよほど、あなたの経験知のほうが役に立つと思うのです。

上を見ればキリがありません。

ですが、自分をしっかりと見つめ、自分よりも下を見てみる。するとまったく別の世界が見えてきます。

あなたにとっては「こんな程度」としか思えないかもしれない、ここまで来た道のり。それこそが世の中の人たちに大きな勇気を与えるモノかもしれないんです。


例えば私、中山マコト自身のことを考えても同様です。

私はこれまで100万部を超えるような大ベストセラーを出したことはありません。せいぜい10万部が最高です。

でも、その10万部を出すことができた経験知は、これまで1冊も本を出したことのない人、1冊だけ出してはみたけれど、まるで売れなかった人にとっては素晴らしいノウハウなのだそうです。

ノウハウとは決して誰にでもわかるような派手なモノとは限りません。

たった一人の、小さな思いを抱えている人にとって、その思いを実現するためのチカラになるのなら、それは立派なノウハウだし、実は同じような思いを抱いている多くの人の助けになることができるのです。

価値はあくまでも他人が決めるもの。あなた自身が決めるものではありません。

あなたがこれまで培ってきたものを欲している、求めている。そんな人は世の中に沢山いるはずです。それに応えるのも、頭のいい副業のひとつだと思うんです。

ぜひぜひ、そこに目を向けてほしいのです。

上を見るだけでなく、横を見てみることの必要性

突然ゴルフの話で恐縮ですが、おつきあいください。

タイガー・ウッズ。言わずと知れたゴルフの天才。世界一の称号を持つ男です。

が、ちょっと考えてみてください。タイガー・ウッズって本当に世界一なのでしょうか?

例えば飛距離。

飛距離だけを取ればタイガーよりも飛ばす選手は沢山います。

奇跡のアプローチで有名なタイガーですが、アプローチも場面別に見ればもっと上手な選手はいるでしょう。

パターに関しても、例えばロングパットだけならタイガーに負けない！　とか、グリーンの読み方なら負けない！　とか、そんな選手はいくらでもいると思うんです。

タイガーがすごいのはあくまでも総合力であり、そのタイガーを超えられないから自分はダメなのだ！　などと考えたら、一番は世界に一人だけになってしまい、他はぜんぶ意味のない存在になってしまいます。


世の中には分野とかカテゴリとかジャンルという考え方があります。先ほどのゴルフの例で言えば、パターなら誰にも負けない、と言う人はいて、彼のもとにはパターを教わりたい人が沢山やってきます。

デビッド・レッドベターという有名なコーチがいますが、彼は現役の選手としてはまるでダメでした。が、教え方が理論的でわかりやすいということで、多くの一流プロのティーチングを引き受けています。

そう、上を見るとキリがなくて、「自分なんて……」と思いがちですが、それを細かく分解してみれば、いくらでもあなたが誰かの役に立てる余地はある。そういうことなんです。この視点も、頭のよさのひとつだと思います。

ですから、そこに「分野」「カテゴリ」「ジャンル」という概念が生まれます。

全体で見たらそこそこの評価しかないけれど、ある部分を見たら圧倒的に素晴らしい！などという例は世の中に数知れずあります。

私もビジネス書の著者として、売れ行きだけで見れば、決してたいしたものではありません。

ですが、コピーライティングというジャンル、起業という分野の本を書かせたら誰にも負けない。そう自負しています。

後で詳しく話しますが、人間は「ニンゲン」というひとくくりではなく、必ず何らかのグループとかカテゴリ、ジャンルに属しています。

自分では属しているつもりがなくても、必ずどこかに属しているんです。

ですから、物事を考えたり見たりする場合、必ずその分野、カテゴリ、ジャンルを意識してほしいのです。

上を見たらキリがありません。ですが、下を見たり、横を見るといくらでもあなたの経験知を待っている人はいる。

特に50歳も過ぎてくると、知らず知らずのうちに蓄積されている経験知は相当な量のはずです。それを「副業」の形を借りて投入していけばいいのです。

あなたには「どうってことない」ものでも、ある人にとっては「宝」かもしれません

事例③～売るために続けてきたPOP作りの工夫が、思わぬ副収入のタネに

東京を中心に展開する、食品を中心に扱うスーパーチェーンがあります。伊東さんはその売り場主任です。

いくつもの売り場を掛け持ちし、セールの企画を組んだり、商品の発注をしたり、目玉商品の売り出し方を考えたり、メーカーとのタイアップを考えたり、売り場の変更をした

り……。とにかくやるべきことはヤマのようにあります。

そんな中でも伊東さんが得意にしているのがＰＯＰ作りです。そう、売り場で商品の近くに貼られていたり、置かれていたりして、商品を魅力的に見せるためのアレです。

伊東さんがＰＯＰを書くと、なぜかよく売れる。それまで低調だった商品が一気に売れ出すんです。

が、伊東さんはそれを特別なこととは考えていませんでした。好きだからやっている。そんな意識だったのです。

ある時、部下の女性から予想外の話が飛び込んできます。地元の小売業の集まりで、ＰＯＰ作りの達人を探していたので紹介しておいた、と。要は地元で仲のいい商店街の店舗従業員を相手にＰＯＰの作り方をレクチャーしてくれないか？　というお話です。

伊東さん、人前で話した経験はあまりありませんでしたが、店の宣伝にもなると引き受けました。

結果、伊東さんの講義は大盛況で、定期的に行ってほしいと頼まれることに。ギャラは商店会が出してくれるということで、正直、それほど大きな金額ではありませんが、でも立派な副収入です。

そうこうするうちに、伊東さんの評判を聞いたある商業系の出版社から原稿執筆の依頼が舞い込みます。で、執筆。その結果、全国からさまざまな形でＰＯＰの研修とか原稿執筆とか、講演を依頼されます。

ひょんなことから始めたＰＯＰの研修が、今や副業としても、そして店のＰＲ活動としても大きなうねりを起こしたんですね。

事例④～安く仕入れて高値で売る。これぞリスクを抑えた副業の典型

仲尾正人さんという方がいます。

彼が始めた副業は、40～50代以上のサラリーマンに向けて、昔のアイドルなどのテレカを転売すること。

今や入手困難なものには定価以上の値段がつきやすいのだそうです。

場合によっては、本来５００円程度で売られていたものが、３０００円くらいになる場合も多いし、時には1万円を超えることも。

月間では15万円にも達することがあるそうです。

利益も8割を超え、副業としてはかなりの高効率ですよね。

仲尾さんのやり方は、入れ替わりの激しい商品を見つけること。

要は、需要があるからこそ、入れ替わる。

そうした商品に目をつけ、仕入れ、そしてヤフーオークション（ヤフオク！）で販売するのがポイント。

他にも、熱烈なファンが多い競馬のテレカやクオカードも狙い目なのだとか。

半年でそれらが入れ替わる競馬は、価格が急上昇しやすく、うまくいけばかなりの高値が期待できます。

そもそも、それほど仕入れ値の高くないものを取り扱うのでリスクも少ない。まさに頭のいい副業そのものと言えるでしょう。

事例⑤～子育ての苦労×地元のスイーツで人生が一気に好転

さて、もう一例。沖縄出身の玲子さん。

本土から観光に来ていた男性と知り合い、恋愛をし、結婚しました。そしてご主人の実家のある埼玉県に嫁《とつ》いできました。

結婚からしばらくして子宝にも恵まれ、女の子を授かりました。

ご主人は、建築関係の現場を仕切る仕事で、いわゆる普通の休みはなかなか取れません。ご主人の実家の父母も、いつでも遊びにきてちょうだいと言ってはくれますが、なかなか気兼ねという鎧《よろい》は取れず、子育てに奮闘する玲子さん。

毎日がたった一人の戦い。赤ちゃんが泣けばどこかが痛いのではないか？　と気をもみ、気が気ではない日々。いわゆる育児ノイローゼのような状態に陥っていきます。

ご主人にその悩みを伝えても、仕事の忙しさを理由にあまりまともに取り合ってはもらえず、「うちの母に遠慮なく頼れよ！」と言われてしまう始末。それができないから困ってるんじゃない！　と言っても、なかなか聞き入れてはもらえません。

沖縄を出て埼玉まで来ているので、頼る友達も親戚も家族もおらず、孤独で心が折れる寸前でした。

そんな時、玲子さんは何となくブログを始めてみました。心の痛さ、日々のつらさをどこかに吐き出す場所が欲しかったんでしょう。で、ブログに、子育てのしんどさ、悩みを克明に書き綴《つづ》っていきました。

するとある日、玲子さんのブログにコメントがついたのです。

それは会ったこともない見ず知らずの女性からのコメントでしたが、玲子さんの子育てを応援する内容。ベテランママさんからの励ましのコメントでした。

コメントの中身は実に的確で、玲子さんにとっては大いなる支えになるものでした。

以降、玲子さんとそのコメントの主（かりにB子さんとしましょうか）とのやり取りは続きます。

相手が信頼できると感じた玲子さんは、思いの丈《たけ》をB子さんにぶつけます。B子さんも、まるで自分の娘に接するように丁寧に、真摯《しんし》に、優しくつながってくれました。


ある日のやり取りから、玲子さんはB子さんが友達と一緒にスイーツの食べ歩きをしているということを知ります。そこにはとても優しそうな仲間たちが沢山いる様子。孤独を感じている玲子さんにとっては魅力あふれる集まりです。玲子さんは勇気を奮《ふる》ってご主人にその話をします。

最初は多少うさん臭がっていたご主人も、玲子さんの熱意に折れ、お母さんに話をつけてくれます。「2週間に一度でいいから子どもを見てもらえないか?」と。

もちろんお母さんは大喜び。出掛ける目的は「小さな赤ちゃんのいるママたちの集まりで、子ども用品を安く買うノウハウを学ぶ会」としました。

そして玲子さんの集まりデビューの日が来ます。緊張が隠せない玲子さんでしたが、その日、10人近く集まったお仲間は玲子さんにとても優しく接してくれました。

どのママも以前は玲子さんと似た境遇にあり、B子さんに救われた経験を持つ人たちばかりだったのです。

その日はさいたま市にある百貨店のスイーツビュッフェを楽しむ日でした。玲子さんは思い切り大好きな甘いものを楽しみました。子育てのことを忘れて味わうスイーツはまさに極上の味。心の奥底から疲れが溶け出し、心そのものがほぐれていくようでした。

2か月ほど経った頃。玲子さんはあることを始めます。

沖縄にいた頃に家でよく作っていた沖縄の黒糖を使ったスイーツ作りを再開したのです。それはクッキーやプリンなど多種多様なものでした。

そして、そのできあがったものをブログにアップしていったのです。もちろんB子さんやそのブログ仲間も読んで絶賛してくれました。

すると、しばらくして驚くべきことが起きました。

B子さんの集まりで、その黒糖スイーツの作り方を教えてくれないか？　というのです。玲子さんは「こんな程度でいいのだろうか？」とも思いましたが、熱意に押されて引き受けることになりました。

B子さんが会場を用意してくれ、持参してもらう道具や材料を聞かれて答えると、準備万端の生徒さんが20人ほども集まっていました。

玲子さんも沖縄時代の友人に連絡を取り、当時使っていた極上の黒糖を入手しました。

その日、玲子さんは一生懸命話しました。

元来、口下手を自認していましたが、それでも一生懸命語り尽くしました。会は大好評でした。

玲子さんの本業は「主婦」であり「子育て」です。が、この瞬間、副業としての黒糖スイーツ作りが加わったのです。

以降、玲子さんの黒糖スイーツを作る会は評判を呼び、B子さんの手引きもあって、有料の教室になっていきます。

B子さんの会とは別に、B子さんのお仲間で埼玉に住む友達が段取りしてくれ、地元でも月に1回、教室を開くことにしました。

小さな赤ちゃんのいる友達も増えていき、そのお友達が赤ちゃんを見ていてくれるので赤ちゃん連れでも講師ができる状態になりました。

入ってくる収入は、原材料費や会場費を引けば1か月に5万円から7万円程度です。ですが、玲子さんにとっては金額の大小は問題ではないのです。

心が折れる寸前だった時期を救ってくれた大好きなスイーツ。

それを堂々と副業にする方法を教えてくれたB子さん。

そしていつも温かく見守ってくれた友達たち。

そんなみんなに恩返しのつもりでやっています。

今はご主人のお母さんもその教室の常連。赤ちゃんの顔も見ることができるスイーツ教室が祖母と孫のコミュニケーションの場にもなっています。

玲子さんは言います。

「確かにこれは副業かもしれません。でも私にとっては〝自分の存在を実感できる場〟。これがなかったら私は間違いなくダメになっていたと思う」と。

副業にはいろんな形があります。稼ぐための副業、生活を支えるための副業が取りざたされていますが、こうした心のオアシスとしての副業もまた価値があるのだと思います。

黒糖のスイーツを作ることは玲子さんにとって当たり前すぎることで、これが副業のタネになるなどとは考えてもいなかったでしょう。でも、その経験を待っている人は確実にいた。そういうことなのだと思います。

あなたも自分の経験を見直してみてはいかがでしょうか？　玲子さんのように、思わぬオアシスが見つかるかもしれませんよ。

自分の中の一番を探せ！ 3つのワンを意識してみよう

マーケティングの世界には3つのワンという考え方があります。

これは副業での成功にも通じる考え方でもあります。

1つ目はファーストワン。

日本で初めて！　とか、業界で初めて！　のように、分野ごとに、かつて誰もやらなかったことや、なかった価値を持つモノ。その分野で初めて導入されたモノなどを指します。

例えば、この章の最初のほうで紹介した松尾氏を例に取れば、「旅館・ホテル業界で初の広告プランナー出身コンサルタント」と言うことができますし、司法書士業界初の過払い金取り戻し専門家などもそれに当たりますよね。

ファーストワンなんて言うと、そんなの自分には無縁だと思われるかもしれません。でも、狭い、限定された地域の中では最初とか、このジャンルの中では最初とか、小さな中での「初めて」を探すと、実は結構見つかるものです。

私自身、クライアントの年賀状コピーの代書屋などという仕事をある時期、やっていました。まさに「初めて」です。

2つ目はナンバーワン。

日本一や業界一のように、売り上げとか企業規模とか、あるいは人気、顧客満足度など、何らかの指標に対して一番を得ているモノ。これも思い浮かぶモノは沢山あると思います。

私の友人で、営業コンサルタントをやっている菊原智明さんは、勤めていた住宅販売会社で全国ナンバーワンになりました。それは中堅住宅販売会社の中でのトップであり、業界全体を見ればもっと上はいるでしょうが、堂々と1位を名乗れます。

後述しますが、小さな保険会社の支社・支店で「○○保険の扱いナンバーワン」と名乗り、売れっ子営業マンになっていった教え子もいます。


そして3つ目がオンリーワン。

かつてジャニーズアイドルのＳＭＡＰが『世界に一つだけの花』という曲で歌ったように、他のどこにもない価値。

この場合は客観性のみでなく、誰かにとって……のような主観で語られる場合もありますが、これも立派な価値ですね。

「あのシンガーは、この分野ではオンリーワンだ」とか、スポーツでも「あの人はオンリーワンの選手だ」といったような表現をしますね。

さて、もう少し深く追いかけてみましょうか。

まずはファーストワンです。あなたが副業をスタートさせようとする場合、このファーストワンを謳《うた》うことができたら強いですよね。

例えば、あなたが家具の輸入販売をする場合、かりに東南アジアの某国から籐《とう》家具を輸入して販売するとします。

で、その国からの輸入が日本では初めてだったとした場合、これは堂々と名乗っていいわけです。胸を張って日本初と名乗れますよね。

ですが、こうした形のあるものを扱う場合は、うまくいけばいくほどライバルが登場します。同じ東南アジアの国から別のブランドの籐家具を輸入する人や会社が出てくるかもしれませんし、別の国から同じようなテイストのブランドを輸入する会社も出てくるでしょう。あっという間に戦国時代です。

そうなると、そのライバルとの違いを打ち出すのが難しくなりますよね。

このようにファーストワンは他がまったく追随できないくらいの特殊性を持っていれば当面安泰ですが、真似されやすい場合などは、常に真似してくるライバルの一歩先を進み続けなきゃいけない。

つまり、〝ファーストワンの自転車操業〟になってしまう可能性があります。そこには気をつけないといけないですね。

次にナンバーワンです。

ナンバーワンはある意味、数値や指標に置き換えて考えるといいかもしれません。

事例⑥～誰も気づかなかった〝小さなナンバーワン〟を見つけ出して大成功

例えば、先に少し触れた私の教え子の一人は、保険会社の小さな支店に勤める営業マンでした。

全社で一番とか、全国でナンバーワンのような称号は持っていません。扱い額も全体的にそれほど大きくはなく、誇れるものはないと信じ切っていました。

私は彼と一緒に、ナンバーワン要素を掘り起こしました。そして彼がたかだか営業マン5人程度の小さな支店ではあるけれども「がん保険に関して何年もの間、扱い額ナンバーワン」という事実を見つけたのです。

それから彼は、「○○支店でがん保険の扱いナンバーワン！」というのを、セールス時にお客さんに伝えるようにしました。

するとお客さんの中に大きな変化が生まれたのです。

どんな変化か？　というと、彼のことを「がん保険の専門家」と見てくれるわけです。

実際にはたいして大きな扱い金額ではなくとも、何年にもわたって実績を積んでいるということは、一般の人から見ると見事に専門家なわけです。

彼はその後、がん保険に特化したセミナーを、休日を使ってスタートさせました。

評判は上々で、彼の「がん保険の専門家」としての信頼度はますます高まっていきました。

彼はその実績を生かして売り上げを伸ばし、結果、独立をしました。

事例⑦～たった1か月の売り上げナンバーワンが生涯の武器に

それからもう一人。私の知り合いで歌舞伎町のキャバクラ嬢上がりのキャバ嬢教育専門家がいます。

彼女、華さんというのですが、とても気が利く、素晴らしい人。ただ、背が小さい。150センチもないので、キャバクラ嬢としては不利なのだそうです。

ですが、ある時期、とても頑張って、1か月だけ売り上げナンバーワンになりました。

もちろん多少の手品は使ったものの、実際に一番を取ったわけです。

そして紆余《うよ》曲折《きょくせつ》を経て今はキャバ嬢トレーニングの専門家を名乗り、売れっ子の位置にいるのですが、かつての「歌舞伎町のキャバクラで売り上げナンバーワン」だった事実が実に大きいと言います。

このことを話すだけで、たいていの相手は「すごいですね〜」と、ある意味尊敬の目で見てくれるというのです。

でも、それはたった1か月のこと。単なる瞬間風速じゃないか！　という見方もできるかもしれません。

ですが、相手から見ると、それはすごい実績という面もあるのです。

華さん、現役時代にお客さんとして知り合った男性と幸せな結婚をして、今はご主人がやっている寿司屋を手伝う日々。

加えて、副業のトレーナーも大事にして、コンスタントに受託しています。

あなたも自分の過去を振り返って、こうした小さいけれども確たる実績を上げた瞬間を探してみてはいかがでしょうか？

さて、３つ目はオンリーワンです。

先ほども話しましたが、オンリーワンは相手にとっての価値で決まる、という側面が強いです。

インストラクター系の仕事で言えば、クライアントにとって、「その人の体質、体型、食事の嗜好《しこう》、ライフスタイルなどに応じた、その人だけの特別メニューを作ってくれるトレーナー」みたいな感じです。

他の人が持っていない独自の理論などもそれに当たります。

例えば営業トークで、その人だけの特殊な商品説明のフレーズがあるとします。ものすごい実績はなくとも、営業に不慣れな人でも使いこなせるようなフレーズです。

それを使って商品にまつわる「物語」を見つけられれば、お客さんの感動を誘い、買い上げにつながる可能性がグンと高まる。

すると、その物語を見つけ出すノウハウを手にしようとすれば、その人から教わるしかなくなりますよね？　これがオンリーワンの価値です。

このように、誰でも広く、というのではなく、「ある人だけが持っている〝何か〟を学びたい」という相手に絞ると、オンリーワンは成立しやすくなります。

一人の相手をじっくりと見つめ、その人の求めるものを発見するところから始まります。オンリーワンは作れるのです。

事例⑧～人間関係の調整力が意外な収入を生む

東京都下に、小野寺さんという税理士がいます。最初は普通の税理士として開業しました。とりたてて税理士としての売りはなかったと言います。

ある時、近所のご家族から「相続で揉《も》めている」という話を聞き、間《あいだ》に立って東奔西走《とうほんせいそう》します。

結果的に、相続の揉め事は解決し、小野寺さんはとても感謝されます。

その件はそれで終わったのですが、その依頼者から、「知り合いが相続で揉めているので何とかしてあげてくれないか?」と相談されます。

揉め事の中身は先の例とは違っていましたが、小野寺さんは同じように一生懸命尽力します。勉強しながらの実践です。

この仕事は小野寺さんに思いもかけない報酬をもたらします。本当にびっくりするほどの金額でした。

以降、小野寺さんは事務所の前、玄関の横に「相続対策やっています」の看板を出します。地域内の相続に関する揉め事をひとつでも減らしたい一心でした。

正直、それで大きな報酬を得ようとは考えてもいませんでしたし、本格的にやるつもりもありませんでした。

小野寺さんはそれ以降も地域の小さな相続の争いを解決していきます。知らず知らずのうちに、名前も売れていきました。

そんな中、ある日、一件の電話が入ります。知り合いの若手弁護士からの相談です。弁護士からの相談は、相続の案件を引き受けてはみたものの、ノウハウもなく困り果てている、ということでした。

小野寺さんはそのチームにアドバイザーとして参加します。実際に参加してみると、若手弁護士の血の通わない人間味のないやり方に依頼者は怒っていたようです。

小野寺さんは一から仕切り直しを提案し、関係の再構築から始めます。

そして見事に関係は修復し、揉め事自体も解決へと向かったのです。

以降、小野寺さんは「相続を仕事にしたいけれどもノウハウのない若手弁護士」からの依頼を受け続けています。

あくまでも本業は税務業務です。でも、最初は偶然の産物として始まった副業が、いつの間にかメインの業務に近くなったと小野寺さんは笑います。

相続というのはある意味、今の日本が抱える問題でもあります。が、そこにビジネスとしておいしいからという理由で足を突っ込み、揉め事を大きくしてしまっている面々も多いようなのです。

小野寺さんはそんなトラブルを減らしたい！　いや、なくしたいのだと言います。

彼が売れっ子税理士になった理由。それは彼が蓄積した現場での経験知が明らかに地域でオンリーワンだったからです。

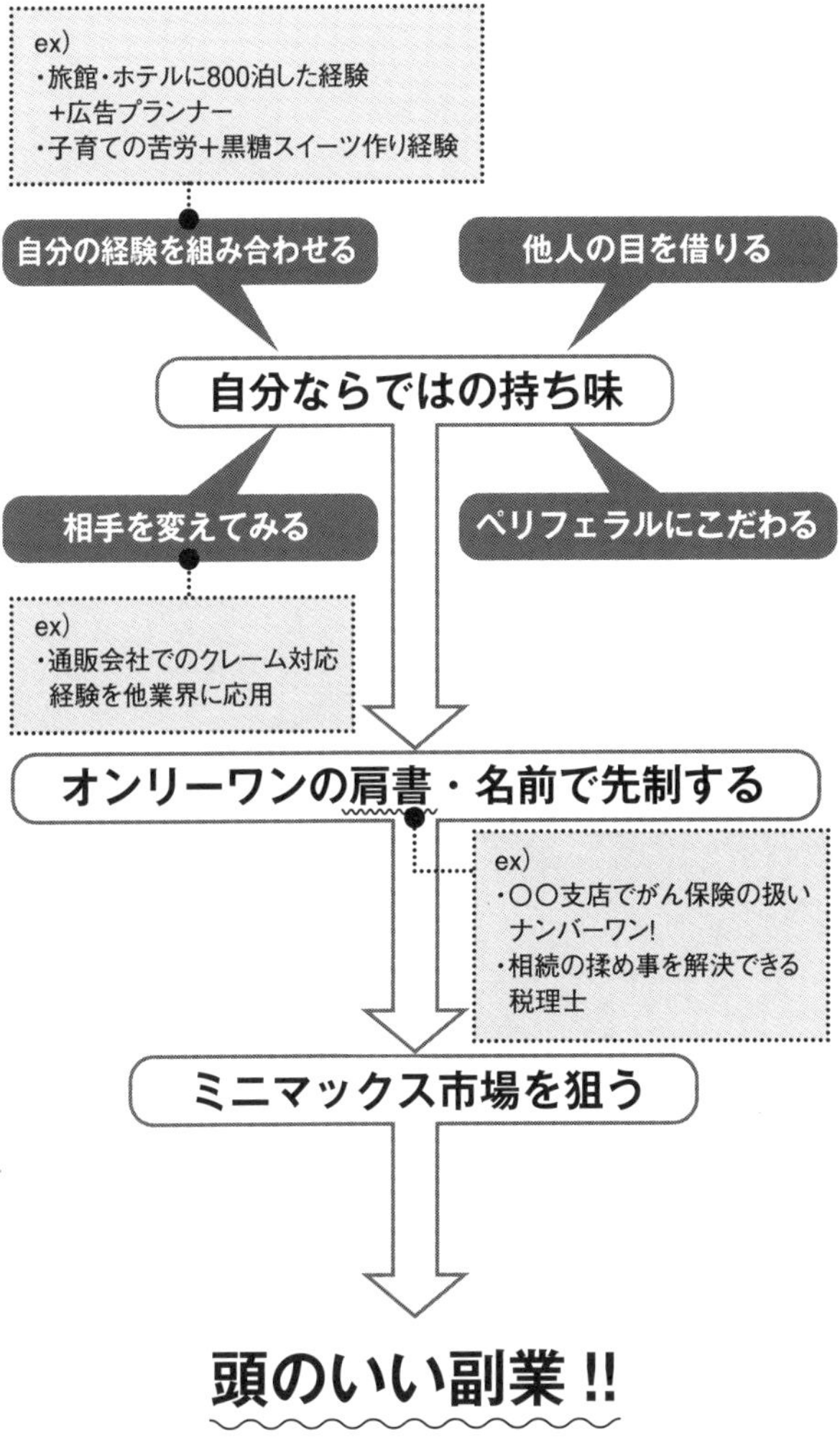
ex)
・旅館・ホテルに800泊した経験
+広告プランナー
・子育ての苦労+黒糖スイーツ作り経験
自分の経験を組み合わせる
他人の目を借りる
自分ならではの持ち味
相手を変えてみる
ペリフェラルにこだわる
ex)
・通販会社でのクレーム対応
経験を他業界に応用
オンリーワンの肩書・名前で先制する
ex)
・○○支店でがん保険の扱い
ナンバーワン!
・相続の揉め事を解決できる
税理士
ミニマックス市場を狙う
頭のいい副業!!

第2章

副業に〝常識《セオリー》〟や〝成功パターン〟なんていりません！

どことなく、どことなくですが、副業ってこうだよね？　こうじゃなきゃいけないんじゃないの？　というような決めつけがあるように思えます。

こうしないとうまくいかないよね？　という固定観念もありそうです。

ですが、本当にそんな決まりがあり、それを守ればいいのなら、副業はすべての人が成功するはずです。

実際にはそうではないですよね？　なぜか？　それは世の中が変化しているからです。変わっていくからです。その変化に対応できる副業だけがうまくいくのです。

本章では、特にこれから副業を考えようという50歳以上の方に向けて、副業という言葉を取り巻く「間違い」や「嘘」についてお話ししていきたいと思います。

「副業は抜きんでた実績がなければうまくいかない！」のウソ
↓無名だからこそうまくいく

副業を始めたいと思っても、いわゆる「これといった実績」がないという理由で尻込みする人、とても多いです。が、その考え方、即刻捨ててください。

少年野球ってありますよね？

地域で小学生を集めて野球を教える場です。そしてそこには必ず監督とコーチがいます。人気の監督になると、生徒たちの親御さん、とりわけママたちに人気だったりして、毎日差し入れのお弁当まで作ってもらえる人もいるそうです。

で、質問です。少年野球の監督って、野球で大いなる実績を上げた人でしょうか？

違いますよね？　少なくとも少年野球の監督にプロ野球で実績を上げた人はいません。もちろん社会人とか大学、高校野球などの経験はあるかもしれません。が、少なくとも野球界の最高峰である日本プロ野球での経験はまず持っていません。なのに人気者。場合によってはいくつもの少年野球クラブから声がかかるような、いわゆる「カリスマ監督」もいるようです。

これ、どうしてでしょうね？　それはおそらく、教え方と人柄の問題だと思います。要は子どもたちを相手にする技術と、野球経験のない子どもたちにわかりやすく丁寧に教えることができる知識と経験。それらを併せ持っているから人気になる。

決して派手な実績や大いなる知名度は必要ないのです。

もう一度言いますが、たいして野球がうまくなくとも、別の要件を満たしていれば十分に少年野球の監督は務まるのです。

そして、対戦成績、勝率などの実績を積んでいけば、ますますその名声は上がっていくわけです。


さて、もうひとつ。

坂田信弘さんというプロゴルファーがいます。女子プロの世界で「坂田塾」と言えば知らない人がいないほどの有名なスクールです。坂田さんはその塾長です。

彼はちょっと異色のゴルファーで京大出身、しかも中退だそうです。

ゴルフそのものの実績はそれほどのものがなく、プロとしてもアフリカのナイジェリアで行われたトーナメントで一度勝っただけ。正直、強い選手とは言えません。が、彼には「書く力」という類まれな能力がありました。

ある偶然からプロのトーナメントの観戦記を書くことになった坂田さんは、一気に頭角を現します。

その後、ライターとして名前を売っていき、かのマスターズトーナメントの観戦リポーターとして名を馳せ、海外の試合のルポで有名になります。
そして、独自のゴルフ論を世に出し、結果、日本でも有数のコーチとして坂田塾を運営するまでになるんです。

坂田塾は上田桃子プロや古閑美保プロ、服部真夕プロ、今をときめく安田祐香プロなど一流が続々と輩出し、日本の育成型ゴルフアカデミーとしては最高の位置にいます。

坂田プロはそもそもプロのトーナメント選手として実績はほぼ皆無です。が、伝えることと教えることのうまさが相まって、まったく思いもしなかった道を歩き、その世界では最高峰にまで到達しました。

実績がなくても何とかなる！　その意味、おわかりいただけたでしょうか？

「流行に敏感でなければ成功しない！」のウソ
↓流行に乗らないからこそライバルを気にせずにできる

流行《はや》りものに飛びつく人がいます。

まず最初に言っておきたいこと。それは「流行りはあなた以外の誰かが創っている」ということ。つまり主導権はあなたの外にあるんです。

流行の元を創った人がそのビジネスを止めてしまったら、そこでジ・エンド。

売れている商品がテレビのバラエティ番組で否定されたら、そこでジ・エンド。

バズっている商品がネットで酷評されたら、そこでジ・エンド。

商品を紹介していたタレントがステマ（ステルス・マーケティング＝宣伝とさとられないように宣伝すること）を指摘されたら、そこでジ・エンド。

あなたは何ひとつできないし、手も打てない。そんなのビジネスとは言いません。

そもそも流行というのは基本的に一過性のモノ。

流行に乗り続けるには大変な苦労が伴います。その苦労、副業で背負うのは大変です。

それに比して、流行に左右されない普遍的な商品というのがあります。

時期によって多少のスタイル変化はあったとしても、基本の価値は変わらない！　そんなビジネスです。

例えば、飲食でいえば、タピオカではなく餃子（笑）。

タピオカは間違いなく流行商品でしたが、餃子は毎年がブーム。その時期その時期で羽根つきタイプが流行ったり、餡《あん》に特徴のあるものが流行ったりはしますが、基本、餃子は餃子。おいしい餃子はいつも人気です。

私事で恐縮ですが、コピーライティングとか文章術も同様。書いて伝えるというニーズはビジネスの世界にはいつも必ずあって、それを否定できる人はいません。

ですから、私が書いたコピーの本は売れるし、文章術のコーナーには毎月のように新刊が登場します。

そして、ここがとても重要なんですが、こうしたノウハウにはいろんなパターンがあるし、正解はありません。人それぞれがいつも自分に合った方法を求めているし、新しい（新しそう見える）ノウハウには必ず飛びつく人がいます。要は廃《すた》れないのです。

副業にはこうした普遍性がとても重要です。

当たるか外れるか？　一発勝負！　一か八か！　のような博打《ばくち》的な要素は不要なので

す。というか、あってはいけない。

博打はお金と人手に余裕がある人がやるもので、副業のように「確実性」を求めるジャンルには向いていない。そういうことです。

ですから、副業を選択する場合に、流行というファクターは捨ててください。

流行ではなく普遍性。

乱高下ではなく安定性。

主導権は常に自分。

そんな発想で副業を選んでほしいんです。


またまた私事になりますが、私は独立以来、実は二つのジャンルしか選んでいません。

コピーライティング、文章術のような「書くチカラ」に関するビジネス。

起業・副業・転職のような「仕事替え」に関するビジネス。

これらはいつの時代も不変です。

だって、書くことを放棄して成立するビジネスはないし、起業・独立はいつの世にも志向されるもの。

そこに、「キキダスマーケティング」という切り口の新しさを加えたのが中山式のライティング手法ですし、それを生かした起業術が中山式起業術なんです。

もう一度言います。

副業は普遍性で選んでください。流行に飛びついたら逃げられます。

そして失敗します。

流行を見ずに、「そんなこともあるんだな！」くらいの目で見ていてください。

流行に関係なく、あなたのファンさえいてくれれば、大丈夫、副業は成功します。

「成功者の真似（モデリング）をすべき！」のウソ

↓あなたの〝持ち味〟を生かすことが副業成功への一番の近道

モデリングという言葉、というか、考え方があります。

自分がお手本とする誰か（メンターとか師匠とかいう言い方もするようですが）を決めて、その人のやり方を真似てみるという考え方です。

もちろん真似を否定するものではありませんし、私自身、何人かの方の真似をしている自覚もあります。

が、それはあくまでもパーツを真似ているのです。

よく「誰かの真似をして成功した」という言い方をする人もいますが、彼らも間違いなく真似ているのはパーツ。全体を丸ごと真似るなんていうことはないし、できないんです。

考えてもみてください。そもそも、人は一人ひとり全部違います。かりに似ているように見えても、それはあくまでも表面的な大雑把な部分。まったくピッタリと一致するなんてことは絶対にありません。

ですから、そもそも全部を真似するなんていうことは無理なんです。

では、世の中に言われている「真似」とは何のことを指すのか？

それはカスタマイズであり、アレンジです。

自分という幹《みき》、これ自体はもちろんすべて異なります。

そして、そこに生える枝とか、その枝に生える葉っぱや実。これが個性＝持ち味です。

同じジャンルの木、例えば銀杏《いちょう》の木に、どんな枝をつけ、どんな葉を茂らせ、どんな実をつけるのか？　は、あなた次第です。

そうして一本一本の木が、すべて異なるものになるのです。枝ぶりが違ったり、葉の量が違ったり、身のつく量が違ったり、ついた実の味が違ったり……。それが持ち味なんです。

陳腐な例になりますが、かりに血液型が違っていたら、それはもう真似のしようがありますが、幹そのものを真似しようとすると、そもそも大変です。

Ａ型はＢ型にはなれないし、Ｏ型はＡＢ型にはなれない。しょせん無理な話です。

ですから、まずは違うということを受け入れる。

そして、血液型なりの個性を生かし、さらにその人の良い部分を加えていく。それがカスタマイズであり、「頭のいい副業」です。

一例を話せば、私はお教えしている文章術では「型」を重んじています。言い換えると「順番」です。

この型については、古今東西を問わず多くのコピーライターや文筆家が自分なりの型を提示しています。そして、その型はどれも異なる。みんな違うのです。

ですが、型が大事なことは皆、共通に認識している。

私もある人の提唱している型を評価しています。それが最高だと感じました。

そこで、その人の提唱している型をベースに私なりのこだわりを加え、新たに「ＢＯＸライティング」という型を生み出しました。

これ、結果として誰の考え方とも違います。明らかに中山マコトのオリジナルです。が、元になった型は確実に存在するのです。


かりに私がそのある人のやり方をそのまま真似していたとしたら、そこに私のオリジナリティはなくなり、常に「○○さんのやり方を使わせていただいてるんですけどね……」と断りを入れ続ける人生になっていたでしょう。

ですが、カスタマイズをしたおかげで、これは自分のオリジナルメソッドであると言い切れるようになり、結果、多大な収益を生むことになったのです。

これがカスタマイズの考え方です。

真似はＯＫです。否定はしません。

ですが、完コピを目指すと失敗します。そうではなく、誰と接する時も必ず「この人のどの部分を取り入れられるだろうか？」と考えてほしい。その意味では世の中のすべての人があなたの師匠になるのです。

特に副業をやろうとするあなたには、あなたの事情と状況があるでしょう。そこを踏まえてやらなければ、世の中に同じ人は二人いらない！　ということになってしまいます。

カスタマイズ……大事です。

「好きなことを副業に選ぶべき！」のウソ
↓“好き”よりはるかに大切なポイントとは

かのスティーブ・ジョブスの生前の言葉に「たまらなく好きなものを見つけなければならない」というのがありました。

副業を考える時、最初に考えなければいけないのは、「続けられるかどうか？」です。続かなければビジネスとしても成立しないし、いつも「次に何をやるか？」の自転車操業」

です。それでは話になりません。

よく「好きなことを副業にしましょう！」という言い方をしますが、あれは間違いです。結果として続けられるものが正解で、実は**「好きでも続かないもの」は多い**んです。

なぜなら、自分では「好き」だと思い込んでいても、いざそれをビジネスにしようと考えると、努力することが苦しかったり、よくよく考えると「好きだけど向いてはいないかな？」というケースが実に多いからです。

副業を選ぶにあたり、最も重要なことは、**「自分自身が自然と努力できること、努力を継続できること」**です。

例えば、私が敬愛するミステリィ作家の森博嗣先生は、そもそも、大学の教員をやりながら、「これでは奥さんやお子さんに生活面で苦しい思いをさせてしまう」と思い立ち、何か副業ができないだろうか？　と考え、小説を書き始めました。

忙しい大学の仕事をこなしながら、何とか時間を捻出してできること。それを探していったら、小説を書くことに辿《たど》り着いたのです。

毎日、大学の仕事を終え、家に帰り、雑事を終え、寝る前の数時間を執筆にあて、結果、講談社のメフィスト賞を獲得し、累計1200万部を超える大作家になります。

で、このエピソードに触れると、ほとんどの人は「森さんは書くことが好きだったんですね～」と言います。

いえいえ、実は森さん、作家という仕事は、彼が好きなことでは決してなかったのです。

森さんはハッキリと言い切ります。

「小説家はあくまでも仕事。副業で始めたものが本業になっただけだ」と。

森さんはこの仕事を続けることができました。決して好きではないと言いながらも、延べで何百という本を書き続けているのです。

要は、作家という仕事は森さんにとって、「自分自身が自然に努力できること、努力を継続できること」だったわけです。

20年以上も書き続けることは大変なことだし、数冊、いや1冊書いたきりで消えていく作家も沢山いる中で、次々と新たなシリーズを生み出し、エッセイ、日記でも新境地を切り開き、次々と作品を生み出せるのは、続けることができる対象だったからなんです。

この、**仕事だから続けられる**というのが実に重要です。好きである必要はないんです。

好きを基準にすると、いずれは続かなくなったり、つらくなる時が来ます。

何よりも、好きだったことを仕事にして、結果、嫌いになってしまったら本末転倒です。もったいなさすぎです。

そもそも、好きは往々にして一過性のマイブームであることが多いです。

ゆるキャラの命名者で有名なみうらじゅんさんは、実は「海女《あま》さんブーム」の立役者でもあります。

ひょんなことから海女さんに興味を持ち、どうしてもこれを流行らせたいと思います。海女さんを「AMA（エーエムエー）」と呼び、海女さんはいいよ、海女さんはいいよ！　と、ことあるごとにひたすら唱え続けたわけです。

が、なかなか海女さんブームは来てくれません。

それでも海女はいいよ！　と言い続けたみうらさんの目の前である時、NHKの『あまちゃん』がスタートします。

これ、みうらさんとNHKの番組のスタートに、直接的な相関はないのかもしれません。ですが、みうらさんが唱え続けた「海女さんはいいよ」という、ある種の呪文が、いつの間にか市場に浸透し、バックグラウンドを作っていたのだと思うんです。

この海女さんに関しても、みうらさんは決して好きの対象ではなかったと言います。好きよりも、何より「とにかく気になる存在」だったのです。

気になるからこそ続けられる。好きのテンションはかりに下がることがあっても、気になるレベルは下がらないのです。

気になる＝どこかで重要と考えている！　この感覚を大事にしてほしいのです。

気になるということは、どこかで自分にとって大切だと思っているから気になるわけで、大切でなければ気にはならないのです。


好きから始めると、どうしても心的な負担になる場面も生じるでしょう。

「好きだからやめてはいけない！」とか、「好きこそものの上手なり」だから、うまくなければいけない！　とか、自らに負荷をかけてしまうんですね。

好きといった手前、手を抜けない、という思いがプレッシャーになってしまうんです。

好きから始めるとつらいよ！　と言うのは、そういう意味なんです。

ですから、副業を選ぶ場合は、「好きなことを選ばない！」から始めましょう。好きではなく「続けられるもの」「続いているもの」に目を向けてほしいのです。

もちろんジョブズが言うように「たまらなく好き」で、しかも続けられていることがある場合はそれでいいでしょう。でも実際にはなかなかありません。

私自身、いろんなことをやってきましたが、結局ずっと続いているのは「考えること」と「書くこと」です。

結局、この二つだし、考えたことを書くわけですから、実は「考えること」たったひとつかもしれないんです。

でも、これはもはや体質になっているのか、まったく苦にならないし、今後もずっと続いていくと思うんです。

好きなことではなく、続けられることが大切だという意味、ご理解いただけたでしょうか？

第3章

月5万円に換えられる、自分の〝持ち味〟に気づいてますか

ここまで何度も話していますが、副業に飛び抜けた才能や際立った実績は必要ありません。

逆に何の実績もなかったサラリーマンとか、無名な会社で無名な社員だった人が、自分の持ち味を生かして、いつの間にか副業で大成功しているケースが沢山あります。

本章では、この「持ち味副業」の中心になる持ち味について解説していきましょう。

あなたの○○を思い出してみましょう

日本人は謙虚なので、「私なんか、とてもとても……」とおっしゃる方、多いです。が、そう言わずに少しだけ考えてみてください。

誰にも必ず、「△△さんは○○が上手だよね～」と言われたことがあるはずです。

あなたが何かひとつのことを（趣味でも勉強でも何でもいいですが）続けているとしましょう。例えば、社会人になってから毎日欠かさず、「仕事上の、今日の気づき」を書き連ねているとしましょう。

この場合、当事者であるあなたは「この程度のこと」と考えがちです。ずいぶん前からの習慣なので、とりたててすごいなんてことはない。そう思いがちです。

ですが、ちょっと立ち止まって考えてみましょう。世の中には三日坊主という言葉があります。つまり、多くの人は「続かない」のです。

あなたにとってはどうってことないことが、続けられない人にとっては「素晴らしい能力」に見えているのです。

何年も続けるだけで、その「気づき」は、立派な「気づき集」になっているかもしれないし、ひょっとすると「社員研修のテキスト」として使えるものかもしれない。

これがまさに「続けられる能力」があり、「継続する秘訣」を知っている、ということなんですよ。

だとしたら、その「秘訣」をひも解いてみましょうよ。それこそがあなたの持ち味です。

その持ち味を伝えることによって、続かないで困っている人、あるいは、部下や子どもに「続けさせたいけど、やり方がわからない人」を救うことができるかもしれません。つまり、「続け方の専門家」です。

週末を使って、続け方のセミナーをやってみる手もあります。気づき集を印刷・製本した冊子を作って、それを販売することだってできるでしょう。

事例⑨～〝わかりやすく伝える〟技術は今の時代、お金になる

大崎さんは、東京のとある役所に勤務していました。役所では広報を担当。

しかし、これが実に激務です。理由は簡単。利用者＝住民に伝わらないからです。

役所では積極的に住民のためを考え、沢山の取り組みや企画を実施しています。が、それがなかなか伝わらない。やっているのに「どうしてやらないんだ！」といったクレームが来ることさえあります。

大崎さんたち広報チームは、何とかしてその実態を知らしめるべく、いろいろな試みを始めました。

まずは役所のホームページに使われている言葉をわかりやすく変えました。

これひとつで大きく印象が変わってきます。

また、イベントや企画のタイトルも、できるだけ難しい言葉を使わず、小学生でも高齢者でも理解でき、しかも参加したくなるタイトルになるよう工夫していきました。

例えば、「ユニバーサルデザイン啓蒙《けいもう》のためのパネル展」というお堅いイベントのタイトルを、「誰でも使えるデザイン、使いにくいデザイン見本展」に変えて、予定の１３０％の集客を実現したりしました。

住民に配布する広報チラシも同じ。予算をかけずに作ることはもちろんですが、ここでもやはり言葉の使い方は大事です。

オリジナルのキャラクターも作り出し、そのキャラクターが話すというスタイルにして、とにかくわかりやすさ、伝わりやすさ、親しみやすさを優先しました。

さらにクレームへの対応。電話でのクレームもありますが、役所の場合、窓口までやってきてクレームをぶつける人が少なくありません。

そこで専門の講師を呼んで、対応法を学びました。

こうして次から次に襲ってくる「新たな課題」「新たなクレーム」に真正面から取り組み続けた結果、ほんの2年ほどで広報の評価は激変し、役所内からも住民からも、とてもよくわかる、活動が評価できる！　などの高評価を得るようになったのです。

やむにやまれぬ仕事上の必然から生まれたことではありましたが、いつの間にか、大崎さん本人も気づいていない「広報」のすごいノウハウが身についていたのです。

ある時、この活動を評価してくれた大手の企業から、その広報活動の話を聞かせてくれ、という連絡が来ました。打ち合わせに出向くと即、講演の依頼につながります。

以来、大崎さんは「広報のスペシャリスト」として、講演、研修に大忙しになりました。

それから数年。副業としての広報スペシャリストを経て、役所を退職した大崎さんは、今は広報コンサルタントとして多くの企業の指導に携わっています。

これもまた「頭のいい副業」のひとつのカタチかもしれません。


一例を示しましたが、これがあなたの「持ち味」を副業にするということの意味です。もちろん実際にやるとなれば、もろもろの問題が生じることもあるでしょう。ですが、大事なことは、「あなたの持ち味はきっと誰かの役に立つ」ということ。そこを忘れないでほしいのです。

実際に毎日コンスタントにジョギングをしていた人が、その続けるノウハウを、続けられない人に教えているケースがありますし、走り方よりもそっちのほうが需要のある場合もあります。

要は、続かなければいくらやり方を知っても役には立たない！　ということなんですよね。

そして、その「何があなたの持ち味なのか？」については、他人の目を借りるのがベストです。

人はなぜか、自分のことだけは見えない。自分のことだけは気づかないという特性があります。それをクリアにしてくれるのが、「△△さんは◯◯が上手だよね～」と言われた経験です。そこを思い出し、掘り下げるのです。

私の場合で言えば、統計データを扱う仕事をしていた時に、そのデータから語れることを何となく言葉にしていることが多かったです。

そんな時、クライアントやプレゼンの相手からよく言われたのは、「中山さんって、たとえが上手だよね～」という言葉だったり、「わかりやすく言い換えてくれますよね？」という褒《ほ》め言葉でした。

当時は何も気づかずにいましたが、やむにやまれず広告コピーを書かなければいけない状況に陥った時、その言葉を思い出してやってみたら、とてもうまくいったんです。

その体験が今、私に「コピープロデューサー」という肩書を名乗らせてくれていますし、こうして原稿を書く日々をプレゼントしてくれているのです。

あの時、「この程度のこと、売り物にも何にもならないよ」と自ら切り捨てていたら、今の私は存在しなかったかもしれないのです。

人はあなたを見ています。本人が感じるよりもはるかによく見ています。親や兄弟などの家族でもいい。友達でもいい。職場の同僚や先輩後輩でもいい。誰かから言われた言葉を思い出し、「持ち味」に変えてほしいのです。

他人からの評価を上手に使うのが「頭のいい副業」を見つける近道なのです。

「ペリフェラル」にこだわろう

ペリフェラルとは「お隣さん」とか「周辺」という意味。

過去に何らかの経験がある仕事の延長で副業を見つけるのが最も安全で、最短時間でマネタイズ（収益化する）する秘訣です。

ペリフェラルとは、そもそもコンピュータと組み合わせて利用される各種の機器のことです。ディスプレイ、プリンター、ハードディスクドライブ、フロッピーディスクドライブ、フラッシュメモリ、デジタルカメラなどが代表的な周辺機器ですね。

が、ここで言うペリフェラルとは畑村洋太郎先生の提唱する「失敗学」の中で言われる概念で、「接点」とか「周辺」のような意味の言葉。中山的には「ビジネスで培った経験知を生かして、関連のある領域にビジネスの場を求めること」というような意味で使っています。

そのいい例が古河鉱業（現古河機械金属）です。石炭を扱う古河鉱業から始まって、次には非鉄金属や電線を扱う古河電工が、次はドイツのジーメンス社と一緒になってフ・ジ電機、すなわち富士電機が生まれ、さらにそこから情報通信の富士通が生まれ、数値制御装置のファナックが生まれました。

いずれも、本体の技術を元にしつつ新たな技術分野に進出していくことで成功しています。

流行っているから。儲かりそうだから。

こういっただけの理由で自分の強みとは何の関係もないビジネスをパッとスタート。そんなケースが個人でも企業でもけっこう見受けられます。

一時、雨後のタケノコのように生まれてきたタピオカドリンクの専門店なんて、今ではあまり残っていませんん。スタートの仕方がペリフェラルではなかったわけですね。

このように、ペリフェラルを無視すると、ほとんどの場合、成功しません。

ユニクロという企業を例に挙げましょう。

一時期、野菜の通販事業に乗り出しました。ご存じでした？　ですが、たった1年半で撤退に追い込まれました。これなどは、いわゆる本業とは何の関係もないビジネスに手を出して失敗した代表例です。


ユニクロと言えば、お手頃な価格で衣料品を大衆へ販売する企業というイメージ。それが、高品質で高価格帯の野菜を売ろうとしたのです。まさに強みやイメージとは真逆の方向へ進んで失敗したのです。

もちろん、やってみないと成功するかどうかわからないものですが、その後、ユニクロはＧＵ（ジーユー）という低価格帯のファッションブランドを立ち上げ、大成功しました。

ユニクロに限らず、なぜか「これまで積み上げてきたモノ」を無視して新しい事業や商品を立ち上げ、見事に失敗する例が多々あります。


例えばの話ですが、日本酒を造っている蔵元《くらもと》ってありますよね？

日本で１４００社くらいが今も稼働しています。

で、その蔵元が日本酒を造る過程で生まれる、あるいは日本酒に使うもろもろの素材を使って別の商品を作るということがよくあります。酵母入りのケーキとか焼き菓子などですね。

それから酒造りに用いる水。これを仕込み水と言いますが、この仕込み水をミネラルウォーターとして販売する。これなどはまさに「経験知」というか、そもそも使っているものをそのまま販売するわけですから何の問題もないわけです。リスクも限りなく低いですよね？

ですが、例えば蔵元がキャンプ場の経営まで始めるとなれば、これは大問題です。

蔵元はそもそも、昔から広い土地を持っている会社、地方の名士が多いんです。お酒を造るためのお米を育てる田んぼとか、そもそも酒蔵自体がとても広い場所を必要とします。

で、誰に唆《そその》かされたのかは知りませんが、その土地を使ってキャンプ場を経営したらどうか？　となるわけです。


さて、いざやってみたらわかりますが、キャンプ場の経営なんてポッと出のシロウトにできるビジネスではありません。ノウハウがなければ、まず無理です。

そして結局、お金をつぎ込んだ挙句、撤退となる。こんなケースがとても多いんです。

確かに土地自体は余っているのだろうし、大切な資源・資産かもしれません。ですが、そこを運用するやり方はどこにも培われてはいないわけです。これ……無理です。

キャンプ場はひとつの例ですが、同じような突拍子もない世界にあまり深い考えもなく飛び込んじゃうケースがとても多いわけです。

事例⑩～自分の仕事経験を生かした「せどり」がうまくいく！

さて、そのペリフェラルを見事に生かして、副業を成功させた男がいます。名前は川村さんと言います。

川村さんは「せどり＝背取り」の達人です。せどりとは、転売目的で古書店から本を買い、それをネットなどで高く売り、差額を稼ぐ仕事です。

手軽に始められるということで、沢山の人が試している副業です。でも、あまりうまくいっているという話を聞きません。

ところが川村さんは違います。彼は大手の家電量販店で、カメラ売り場をメインに担当していました。仕事柄、カメラに関してはメーカーから派遣されてくる担当者にも負けないくらいの知識を持っています。

加えて川村さん、「撮る側」にも関心を持ち、休日を使って以前から好きだった「鉄道写真」を撮るようになります。

ある日、彼は東京の神保町の古書店で、一冊の写真技術書と出合います。彼が尊敬しているカメラマンの先生が書いた絶版本です。貴重な本がたまたま店頭に2冊あったので、安いこともあって、2冊とも買いました。

その後、手元に1冊あればいいと、あるフリマサイトに1冊を出品しました。そして、その解説文に、彼ならではの視点で、先生の技術の素晴らしい点や、「この技術はこう使える」という、鉄道写真を始めたい人にお役立ちの情報も添えました。

すると、その本がものの見事に高く売れたのです。信じられないくらいの高額で！

「この手があったか！」

以降、川村さんは、鉄道写真を撮りたい、学びたい人のために、せどりを始めます。

休みの日には神田へ通うのが日課になりました。彼はカメラ、写真についてはとても目利きです。しかも知識がある。

彼が寄せる解説は実に効果があり、ほとんどの本が高値で売れます。1か月あたりの差額売り上げも、月によっては10万円に近づくこともあるくらいです。

会社で、売り場で、仕事として身についた知識が、彼をいつの間にかせどりの専門家に育てていたんです。まさに「頭のいい副業」ですね。


さて、私たちはこの例から何を学べるでしょうか？

古河鉱業、ユニクロ、酒蔵、川村さん。この4つの例は、いきなり経験知もないビジネスを始めるよりも、まずは自分の強みを知り、そこにつながるところ（周辺）からビジネスを広げていく。

これが、失敗しない法則だということを教えてくれます。これが、〝お隣＝周辺〟という意味で、「ペリフェラル」なんです。

ユニクロのような大きな企業ですらそうなのですから、個人がこれから何かしらの副業を始める場合、絶対に「ペリフェラルであること」を意識してほしいんです。

つまり、自分の経験知を見極めて、その周辺に（関連した）ビジネス＝副業を立ち上げるのです。

ペリフェラルであるところに〝信頼〟が生じます。「あの人（会社・店）なら大丈夫だろう！」と思えるのです。

これを無視して、今儲かりそうな分野に飛びついたとしても、そこに信頼は生じません。つまり、ビジネスとして成立しないのです。

ましてや、趣味でやっていたことを突然仕事に！　と言い始めた人が強い信頼を勝ち取ることができるでしょうか？

答えはＮＯです。

趣味は趣味でやっておけばよかったのにな～と言われるのが関の山です。ぜひぜひ、ペリフェラルを肝に銘じてください。

CV（コアバリュー）を見つけよう

もうひとつ、とてもとても大切なことをお話しします。

副業を考える（選ぶ）際に、これ以上重要な考え方はないので絶対に身につけてください。

今後、いろんな局面で絶対に役立つ考え方です。


さて、私たちのビジネスは本業であれ副業であれ、3つの条件の中で戦っています。

その条件とは、

1. 自分が提供できる商品・サービス
2. ライバルが提供できる商品・サービス
3. お客さんが欲しがっている商品・サービス

この3つの条件のせめぎ合いの中でビジネスは行われます。

そしてすでにおわかりだと思いますが、これらを総合して考えると、あなたが目指すべきものはひとつだけのはずです。

すなわち、

■あなたが提供できる商品・サービスで

■ライバルが提供できない商品・サービスで

なおかつ、

■お客さんが欲しがっている商品・サービス

だということです。

もう少しまとめて言うと、『お客さんが望んでいて、あなたしか提供できない商品・サービス』ということになります。

いくらあなたが自信を持っていても、ライバルも提供できるものであればそれはなかなか選んでもらえないし、無理に選ばれようと力めば、結局は価格競争。決していいことはありません。

また、ライバルが持っていないあなたの強みがあったとしても、お客さんが欲していなければ、これまた選んでもらうことは無理です。

過去にもこうした勘違いで葬《ほうむ》られていった商品・サービスはヤマほどあります。ですから副業を考える場合も、常にこの言葉を意識し、言葉にしながら考えてほしいのです。

自分がやっている（やろうとしている）ビジネスは、『お客さんが望んでいて、あなたしか提供できない商品・サービス』になっているだろうか？　と。

もちろん、スタート時点では、『お客さんが望んでいて、あなたしか提供できない商品・サービス』であることは多いです。それだけ一生懸命考え、選びますからね。

ですが、世の中は動き、経済は変動し、お客さんの心は変化します。ひとつの価値がずっと同じレベルを保ち続けることはあり得ないのです。

例えば、ダイエット法などはまさにその典型ですが、いくら革新的なメソッドでも、新たなメソッドが登場すれば必ず比較されますし、結果、他のメソッドにお客さんを取られることはしょっちゅうです。常に新しさの自転車操業です。

カメラすなわちフィルムカメラだった時代、フィルム込みで技術・性能を競っていた時代があり、その後はデジカメの時代。すごいのが出たなーと思っていたら、もはやスマホで十分、デジカメなんて触《さわ》らない人が増え、そのスマホも技術革新を経て、結局、ＧｏＰｒｏとかＯｓｍｏ Ａｃｔｉｏｎに一部市場を取られる始末。一体何がライバルだかまったくわからない時代なのです。

ですから今の時点で、

『お客さんが望んでいて、あなたしか提供できない商品・サービス』であっても、気づいてみたらまったく違う、考えてもいなかったライバルに侵食されていた！　ということも往々にしてあります。

そう考えると、いかに、

『お客さんが望んでいて、あなたしか提供できない商品・サービス』を維持するか？　自らのビジネスをチェックし続けるか？　ということが大事になります。油断大敵！　気を抜いたらおしまいなのです。

そのための一番簡単なチェック方法をお教えしましょう。

ライバル（と思しき相手）のホームページは検索できますよね？　相手の社名を入力してＥｎｔｅｒキーを叩けば出てきます。そしてその出てきたホームページをじっくりと読むんです。

メインになる訴求ポイント、キャッチコピー、価格、特徴。そういった項目を常に頭に入れ、ライバルとの違いを意識してください。

もう一度言います。

価値は常に変動します。

つい先日までの一番は、数日後に価値がゼロになっているかもしれません。そうなってから慌ててても間に合わないんです。リアル裸の王様になってしまいます。

そしていったん落ちてしまった価値は、よほどのことがない限り復活はしません。

かりに戻ることがあったとしても、とてつもない労力を要するのです。

『お客さんが望んでいて、あなたしか提供できない商品・サービス』

これ、いつも心得ておいてください。


えっ？　それを見つけるのが難しいんですよって⁉

大丈夫です。それを見つけるための方法を次項から紹介します。

「肩書」をつけるだけで副業価値は一気に上がる

人って、人を「肩書で評価する」って言いません？

そうなんですよ、肩書の威力、強烈です。


で、その肩書、実は副業でも威力を発揮するんです。

人が何かを手に入れようとする場合、やはり「信頼できる人」を相手に選びます。

あなたがかりにダイエットを指導してほしい場合、何の肩書もない、単に「トレーナー」

とだけ書かれている人と、「ダイエット専門トレーナー：1万人をダイエット成功に導いてきたハイパーフィットネスコーチ」と書かれている人ではどちらを選ぶでしょうか？

どちらに信頼を置くでしょうか？

もちろん後者ですよね。

それは肩書のせいなんです。

まだ指導も受けていない、相手の実力も知らない時点からすでに「肩書の呪縛《じゅばく》」に陥っているわけです。


もちろん、その肩書が単なるブラフ（はったり）だったらそれはダメです。詐欺です。が、ある程度のチカラが伴っていれば、その肩書は本物になっていくんです。


では、その本物ってなんでしょうか？

信頼を勝ち取るためのキーワードは一体なんでしょうか？

答えは……○○専門家です。

同意語でエキスパートとかスペシャリストとか、そのあたりの言葉です。

また、専門家を表す言葉が使われていなくとも、専門家であることを伝えることはできますよね？

指導者とか、コーチとか、この道一筋とか……（笑）。

例えば、「腰痛治療の道一筋20年」と言われれば専門家という言葉を使わなくても「専門家」に見えます。この「見えてしまう」というのが実に大事なんですよ。

副業だからといって、専門性が見えなければ人は信用しません。

お客さんにとって本業だろうが副業だろうが、アルバイトだろうが、そこは関係ありません。信頼さえできればフリーターにでも命を預ける。『ドクターX』の大門未知子がそうですよね？

手術の技量さえ認めれば自分の命さえ託すわけです。

ですから、どんな副業であろうと、必ず肩書をつけてください。

時々、肩書なんて恥ずかしいと言う人もいますが、それはダメです。

私が独立起業をした当時、名刺に肩書を載せたものとそうでないものとでテストをしてみたことがあります。

キチンとデータも取りました。

結果はご想像の通り、肩書ありのほうが仕事につながる率が2・2倍もあり、しかも単なる「マーケティングプランナー」というありきたりの肩書と、「キキダスマーケター兼シンクロニスト」というオリジナルの肩書を添えた場合とでは、これも2倍以上の差が出ました。

誤解を恐れずに言い切れば、人は肩書に翻弄されるんです。


あなた自身のことを思い返してほしいんですが、肩書があると信用してしまうはずです。ですから必ず肩書はつけるべきなのです。

難しいことは言いません。あなたの仕事自体、扱っている商品自体に「○○の専門家」とつけるだけでいいのです。

パソコン入力の専門家、伝票入力の専門家、ミカン販売の専門家、腰痛治療の専門家、がん保険販売の専門家、続け方の専門家、クレーム電話対応の専門家……こんな具合に専門家という言葉を付与するだけであなたの価値は一気に上がります。

そう、肩書というのは、あなたの「ビジネス価値」を上げるための魔法の言葉なんです。

肩書は「専門家」という言葉に限りません。

私の知り合いの例で言えば、ある保険の販売員は、「オーダーメイドライフプラン設計士」という肩書で、クライアントから大きな信頼と安心を得ていますし、通販システムのビジネスコンサルタント・西村公児さんは、「通販コンサルタント&プロデューサー」と名乗り「プロデューサー」というワードが専門性を示しています。

それから、後ほど登場してくれるアトラク東北の後藤さんは、「ヒキダス・マーケター」という肩書を使い、「いろんな強みや特色をヒキダス人」というポジションを維持しています。

このように、ちょっとした言葉の使い方で、あなたの存在感、信頼感、価値は大きく変化するのです。工夫はいくらしても、しすぎることはないのです。

遠慮はいりません。堂々と肩書をつけてライバルを引き離しましょう。戦わないビジネスを作りましょう。

何度も言いますが、あなたにも必ず何らかの専門性とか特殊性があります。かりに同じことをやっても、違う人間がやっているのですから、必ず「誰々流」というのがあるんです。その違いこそが価値であり、専門性です。そしてその専門性こそを欲しがっている人が必ずいる。そこを信じてほしいのです。

肩書の重要さ。おわかりいただけたでしょうか？

言い切ることってとても重要です。

ライバルがいない「ミニマックス」市場を意識せよ

事業は大きくしようとするといろんな問題が次々と襲ってきます。税金のこと、人や外注を使う苦労や資金繰りなど知らなかったことが次々と襲ってきます。

質問です。理想のビジネスって一体なんだと思いますか？

もちろん人によって理想のとらえ方が異なるので、正解があるわけではありません。が、私はこう思うんです。

「ライバルがいないビジネスが理想の姿だ！」と。

通常、ビジネスと言えば、今すでにある市場があって、そこに参入し、そこから顧客を奪い取る、つまり戦いを挑むわけです。

一時流行した考え方で言えば、レッドオーシャン、戦いの血の海です。切った張った、取った取られたの日々。毎日が疲弊、神経と体力とお金をすり減らすつらい行為です。

その対極にあるのが、ブルーオーシャン。戦いのない、心穏やかなビジネスです。で、このブルーオーシャンこそが、ライバルのいないビジネス＝理想のカタチなんですよ。

例えば先ほどご紹介した理系ミステリィの森博嗣先生。

私はほぼ全作品を読んでいますが、彼はそもそも、メフィスト賞を獲ってデビューする際に、「理系ミステリィ」というキャッチフレーズでデビューしました。

小説の世界にはあまり「カテゴリ」という考え方は出てきません。

推理小説とか、あるいは冒険小説、警察小説などの曖昧な分類くらいだと思います。が、森さんは「理系ミステリィ」というカテゴリを創出しました。工学関係の学者さんであったことと、原稿にコンピュータとかインターネット関連の言葉が頻出するので、そんな名前がつけられたんです。

この、〝名前をつける〟ということに関しては、後ほどまた詳しくお話ししますが、とにかく理系ミステリィ＝森博嗣という構図ができ、それが定着しました。結果、理系ミステリィというカテゴリは森さんだけのものになり、そこに他の作家が入り込む余地がなくなったんです。そう、これが**ライバルがいなくなる仕組み**です。

大きな市場を求めるとライバルも沢山現れます。私は元々、マーケティングのアナリストからこの業界をスタートしました。統計データの分析、解析が本籍地だったんです。なので、マーケティングに関しては、それはそれは勉強しました。本も文献も読み漁《あさ》りました。多くの理論にも触れてきました。

その数ある理論の中に、ミニマックス法という考え方があります。

本来、統計学で言うミニマックスは結構小難しくてとっつきにくいので、ここでは説明しませんが、とにかく私はこのミニマックスという理論が好きで、それをマーケティングのロジックに置き換え、オリジナルの考え方を構築しました。

自分流に「カスタマイズ」をしたわけです。

ミニマックスとはどんな考え方か？　というと、ミニの中のマックス（←当たり前）。小さい中で最大のマーケットを手にする、という考え方です。

要約して言えば、今ある既存のマーケットを何らかの基準で細分化して、その細分化されたマーケットで唯一の存在になることです。私はこのことを、「自らカテゴリを創り、そのカテゴリで唯一の存在になる！」と言っています。

実例を示してみましょうか？

例えば、花王のヘルシア緑茶。

そもそも、ペットボトルのお茶は味＝スペックの勝負でした。どこの茶葉を使っている？　苦味は？　甘味は？　渋みは？　どこの水？　抽出法は？　と、すべてスペックの争いでした。

そこに花王はヘルシア緑茶を引っ提げて、「健康茶」という概念＝価値を持ち込みました。しかも、体脂肪が気になる方へ！ という健康のベネフィット（便益）を持ち込んだのです。それまで健康を声高に謳《うた》ったお茶はありませんでした。しかも、それまで聞いたことのなかった〝高濃度茶カテキン540㎎〟という言葉、特定保健用食品、加えてケミカルに強い花王の商品です。

ヘルシアはいっぺんに市場を席巻し、健康茶というカテゴリを自ら作り、その「カテゴリで唯一の存在」になりました。

事実、ヘルシア緑茶以降、健康茶のカテゴリでヘルシアに伍して戦える商品は、サントリーの特茶の登場を待たなければなりません。この間、ほぼヘルシア緑茶の独擅場《どくせんじょう》です。

ミニマックスのすごみはまさにここ。

お茶というカテゴリを細分化し、そこに健康茶というカテゴリ＝名前をつけたことで、唯一無二の存在になれたんです。

しかも、カテキンという新たな切り口を持ち出したので、他がそこに追随できなかった。他にもカテキンを使った飲料はいくつか出ましたが、でも、カテキンを謳えば謳うほどヘルシアの真似、二番煎じになってしまい自縄自縛《じじょうじばく》の状態に陥るんです。これがミニマックスのすごさであり、素晴らしさです。

ヘルシアの例はメジャーすぎると感じられるかもしれません。あの大手花王だからできたんだろう？　と。ですが、大きかろうが小さかろうが構造は同じです。

他にもカーブスという女性専用フィットネスクラブがあります。

カーブスは他のフィットネスクラブ・チェーンがあまり力を入れてこなかった「運動にあまりなじみがない」中高年女性にあえてフォーカスして全国展開、国内ナンバーワンの会員数を獲得し、ライバルがいないマーケットを独走しています。

ミニマックスの考え方を持つと、意図しなくても、ほぼ自動的にライバルのいないマーケットを取れてしまうんです。

そしてこれを副業に落とし込んで考えると、ライバルがいないマーケットを創ることができるので、無用な苦労がいりません。

敵がこう出るからうちはこう行く！　みたいな相手を常に意識した自転車操業ではなく、いつも主体は自分。自分の強みをど～～んと構えて、「これが欲しい人、集まれ！」

と言えばよいんです。

ミニを目指せばマーケットが小さくなるのでは？　と懸念する人がいますが、それは無用の心配。

いくら小さくても私たちは巨大な経済という歯車に乗っています。つまり、小さいとはいえ……大。十分にマーケットはあるんです。これがミニマックスです。

あなたが今、読んでくれているこの本も「持ち味を生かした、頭のいい副業」というカテゴリを私が創り、その啓蒙のために書いています。

副業の切り口にもいろいろありますが、私はこのカテゴリが世に広まってくれるといいな～と思って書いています。まさに、自らカテゴリを創り、そのカテゴリで唯一の存在になりたくて書いているわけです。

そして私が最初に「持ち味を生かした、頭のいい副業」という言葉を使った以上、他は名乗れません。名乗った瞬間に二番煎じになるし、言い出しっぺである私には絶対に敵《かな》わなくなるのです。これがミニマックスのすごいところなんです。

「名前」をつけるという先制の戦略

花王のヘルシア緑茶が「健康茶」というカテゴリを創った商品であるとお話ししました。

この、新たなカテゴリを創ることが、副業の成功を大きく左右します。

要は、名前をつけると〝マーケット〟が浮かび上がる。

それまでもあったんですよ、そのマーケットは。ずっとあったんです。

が、名前がないものだからカテゴリもないまま、非常に曖昧模糊《もこ》としたものであることが多いわけです。

普通はそのままでおしまいです。

さて、先ほども登場しましたが、みうらじゅんさん。

みうらさんが、『「ない仕事」の作り方』という著書の中で、こんなことを書いていらっしゃいます。

「地方の物産展で見かける、おそらく地方自治体が自前で作ったであろう、その土地の名産品を模した、着ぐるみのマスコットキャラクター」という長い説明が必要なものに、「ゆ

る キャラ」という名称とジャンルを与えると、ゆるキャラというマーケットが立ち上がった、と。

ゆるキャラ＝「ゆるい」「キャラクター」です。

本来はキャラクターって、ゆるくちゃダメなんですよ、キリッとかシャキッとかしていないと。

でも、ゆるい。

それが新たなカテゴリとなり、みうらさんはそのジャンルで唯一の専門家になりました。

ライバルはいませんし、出てきません。


この考え方というか、やり方自体が、まさに「副業の正しいあり方」と合致するわけです。

どういうことかというと、副業はスタート時にはどうしても人手が足りません。スモールビジネスで立ち上げることが普通です。

ですから、戦いだらけのマーケットに入っていっても、どう考えても兵力が足りないのです。

加えて、多くの場合、資金力もない状態でスタートすることが多いので、大きな広告や宣伝も打つことができません。つまり、徒手空拳《としゅくうけん》での参入になります。

だからこそ、ライバルのいない、本当のブルーオーシャンを創る努力をしないと、あっという間に駆逐されてしまいます。

だからこその名前づけです。

それからもうひとつ。

名前をつけることでそれまでになかったマーケットを創ると、他が真似しにくい！　というメリットがあります。

マーケティング的には、先制の戦略と言われますが、要は、誰も言っていないことを先駆けて言うんだから、〝先制〟。先制パンチの先制です。

ブルーオーシャン市場を先頭を切って泳ぐために

この先制の戦略！

アメリカのシュリッツビールという会社がやった例が有名です。少し長いですが、とても大事なので紹介しますね。

1920年代初頭、10社ほどの醸造会社が精力的に競い合い、シュリッツビールは業界8位でした。

ですが、あることによって、シュリッツビールは半年で業界首位に躍り出ます。

当時、どの会社も、基本、同じ広告メッセージでした。

「私たちのビールは純度が高いものです」と、商品クオリティを訴求していたんです。

シュリッツは、業界で初めて、「ビールの製造工程を事細かく」消費者に伝えました。

最初、コンサルタントからの助言に、経営陣はこう言いました。

「なぜ、そんなことをする必要があるのか？　どこの醸造会社もうちと同じことをやっているのに」

そう、製造工程自体は、他社とそれほど変わらない。

確かにこの発想は、「独自の強み」というＵＳＰ（ユニーク・セリング・ポジション）からは真逆です。

シュリッツビールのメッセージはこれです。

『シュリッツのビール工場はミシガン湖のすぐそばにあり、当時、その水は大変きれいなものだった。

工場がその湖岸にあったにもかかわらず、シュリッツは深さ1500メートルのアルトワ式井戸を二つも掘っていた。

最高のビールを造るのに最適なミネラルを含有した水は、その深さまで掘らなければ見つからなかったからだ』

『一番豊かな味と口当たりを生み出す醸造酵母菌の元菌を見つけ、それを開発するのに、5年以上かけて1623回の実験をした」

『水を超高温まで熱し、再び冷却して液化する。しかも、完全に不純物を取り除くために、それを3回も繰り返す』

『ビン詰めして送り出す前に、純粋で豊かな味を確認するため、1回の醸造ごとに必ずテイスティングをする』

どうですか？

確かに当たり前のことを言っているだけかもしれません。各社、同じような背景で商品を造っているかもしれない。

でも、誰もそのこと＝見えない背景、を語ってはいなかったんです。

だから最初にそれを伝えたシュリッツビールは、「あそこはすごいね！　しっかりしてるね！」と認められた。

これが、この正直さが、シュリッツを救い、業界首位に押し上げた。そういうことです。

この、業界としては当たり前だけど、お客さんが知らないことで、しかも誰も伝えていないことを他に先駆けて言っちゃうことを先制の戦略と言いますが、スモールビジネスではその先制の戦略が使いやすいんです。


もうひとつの例は、日本の丸亀製麺です。

『丸亀製麺では、全国すべての店舗で、小麦粉から打ち立ての麺を作っています。工場で大量生産をしない。作り置きもしない』

というようなコピーでＣＭをやっています。

もちろん例外はあるでしょうが、町のうどん屋さんと蕎麦屋さんの中には、その日の朝に麺を打っている店も少なくありません。業界的に言えば、当たり前すぎて「今さらかよ！」

ということでしょう。

しかし、このことを「お客さん側が知っているのか？」と言えば、決してそうではないでしょう。そんなこと、意識すらしていないと思います。

だから新しく感じるわけです。丸亀製麺だけが圧倒的な鮮度感をまとうことができるわけです。実に上手、見事に戦略的です。

シュリッツビール、丸亀製麺。

これらの事例から学ぶことはヤマほどあります。あなたも自分の「先制の戦略」を考えてみてください。業界では当たり前で、お客さんが知らなくて、自社がやっていて、他社が伝えていないこと。その観点で切り口を探してみてください。間違いなく、ビジネスが変わること、請け合いですよ。

さらに言えば、私事で恐縮ですが、先述したように私はキキダスマーケティングという手法を標榜《ひょうぼう》しています。

これは私のデビュー作のタイトルでもあるんですが、コピーを考えたり、販促企画を考える時に、お客さんとか販売者とか開発者の話を聞いて、そこからヒントを得てコピーや企画を考える。やっていることはいわゆる、アンケートとか、インタビューとか、ヒアリングとか、そんなものです。

で、ここが重要ですが、他の優秀なコピーライター、プランナー、マーケターたちもその多くが同じようなことをやっています。そう、みんなやっているんです。

が、彼らのプレゼンテーションは、アンケートを取りました！　インタビューをしました！　ヒアリングをしました！　という代わり映えのしない表現。

それに対し、私のやり方は「キキダスマーケティングという私が独自に開発した発想手法を駆使して考えました」と言っちゃうわけです。

似たようなものであっても、名前をつけ、先に言っちゃうもんだから、みんな二番煎じになる。アンケート、インタビューと言えば言うほど、中山の独自性が際立つわけです。

これが、

『名前をつけること』＋『先制の戦略』

の威力です。

ライバルを不在にしてしまう手法です。

ですから、あなたの副業には必ず名前をつけてください。

始めに名前ありき！　それでもいいと思います。

例えばあなたが、かつて事務作業＝伝票整理が得意で、その伝票整理を副業のテーマにしたいと考えた場合、強引に名前をつけてしまうんです。

例えばあなたが、スキャナを上手に使いながら伝票整理をするのが得意なら、「スキャニング式伝票整理術」と強引に呼んでしまうわけです。

ね、それっぽく聞こえるでしょ？

あるいは、あなたのやり方を真似ればとてもスピーディに伝票整理ができるようになるのであれば、「超速伝票整理術」でもいいし、「時短伝票整理術」でもいい。

少なくともその言葉に反応する人は少なからずいるはずです。これが名前をつけなさいと私が言う意味です。

「相手を変えてみる」だけで、可能性は無限に広がる

私が提唱している理論の中に、多水路理論というのがあります。

多水路。読んで字のごとく「多くの水路」です。

では、ここで言う水路とは一体なんでしょうか？　それは……お客さんとか、お金が流れ込んでくる道のことですね。

普通、商品って「お客さん」という一つの相手が買ってくれますよね？　お客さんはお客さん。それ以上でも以下でもないというのが一般的な考え方です。が、実はお客さんというのは一種類ではありません。

いろんなタイプの異なるお客さんがいて、それらの集合体がお客さんなんです。で、その「いろんなタイプ」というのがクラスタと呼ばれるものです。要は「塊《かたまり》」とか「集まり」「階層」と呼ばれるものですね。

で、よ〜く考えてほしいんですが、かりにあなたに１０００人のお客さんがいるとして、

あなたがミカンを販売するとしましょう。そう、あの黄色い色をした果物のミカンです。で、そのミカンが売れる。さて、その時、１０００人全員がそのミカンを買ってくれるでしょうか？

いえいえ、まさかそんなことはあり得ませんよね？

お客さんの中には「ミカンはちょっと……」と言う人もいるだろうし、「お歳暮でいただいたばかりだから、ミカンは今、いっぱいある」と言う方もいる。

他にもさまざまな理由でミカンを買わない人がいるわけです。

言い換えると、ミカンを買う人と買わない人に分かれ、なおかつミカンを買う人も「いろんな理由から買う人」のクラスタに分かれ、買わない人も買わない理由ごとにクラスタがあるわけです。

つまり、商品やサービスが売れるというのは、「その時にたまたま買ってくれた人」と「さまざまな理由でその時買ってくれなかった人」に分かれるわけです。

このさまざまな理由とは、商品やサービスによってその都度違います。昨日はミカンを買わなかった人も、今日は「お客さんが来るから買おうかしら」となることもある。

で、売っている側のあなたには、お客さんが今、どのクラスタにいるかは見えません。

だから、それをあらかじめ想定して商品やサービスを売らなければいけない。この「想定する相手」が、実は「水路」なんですね。


ちょっとわかりにくいかもしれないので、具体的な例を使って説明しましょうか。

ＥＣＣという英会話教室の老舗《しにせ》企業があります。ＥＣＣはそもそもビジネス英語や日常会話を教える教室でした。

ここからは仮の話ですが、その事業が行き詰まってきたとしましょう。その時、いろんな手が打てるわけですが、かりに「多水路」を意識するとどうなるでしょうか？ どんなクラスタが想定できるでしょうか？

例えば英会話と言えば、どことなく大人のためのもの、という印象はあるでしょう。が、そこを「これからはグローバル社会だから、子どもにも小さい頃から英語を学ばせておきたい」と考える親も多いでしょう。

だとすれば、これまで蓄積してきたノウハウを生かして、子ども向けの英語教室をやってみてはどうだろう？　子どもはなかなか自分で家を出て学ぶのが大変だし、親御さんも送り迎えや付き添いが大変だから、例えば自宅で学べる通信教育の仕組みを導入したらどうだろう？

そう考えると子ども向けの英会話教室やオンラインレッスンという発想が出てきますし、実際に各地で展開しています。この「子ども向け」というのがひとつの水路です。

単にお客さんを「お客さん」とだけとらえていては生まれてこない発想です。

また、これからは高齢化社会だけど、会社をリタイアした人たちは旅行に行きたがるんじゃないか？　だとしたら旅先でちょっとした英会話ができる「高齢者のための、簡単トラベル英会話」なんかはあり得るな！　という発想も出てきます。

この場合は、「リタイアして時間とお金のある、旅行好きのシニア」というのが「水路」です。

あるいは、こんな例もあります。

セブン銀行は、個人や企業にお金を貸し付けて利ざやを稼ぐ従来の銀行ビジネスから、セブン－イレブンの店舗や駅、ショッピングセンター内に設置したＡＴＭの利用手数料で稼ぐという、儲ける相手を変えて成功しています。

ネット通販最大手のＡｍａｚｏｎも、実は個人相手の通販事業ではなく、ＡＷＳ（アマゾン・ウェブ・サービス）という、企業にクラウドサービスを提供する事業で利益の大半を稼いでいます。


こうして考えると水路は無限にあると思いませんか？

そう、無限にあるんです。

が、無限にあるそのすべての水路がビジネスとして成立するか？　と言えば、それはわかりません。

わかりませんが、必ず「当たる水路」はあるんです。それをいくつも持っていればビジネスは鬼に金棒です。


複数あるからこそ、安心して新たな水路を開拓することができます。

一本しか水路がなければ、それが閉ざされてしまうと他に行き場がなくなります。

だからこそ、水路は沢山持っていたほうがいいし、新しい水路を常に開拓し、増やしておいたほうがいい。これこそが多水路なのです。

もちろん本丸の大きな水路を築き上げることは重要です。柱がなければビジネスは厳しくなります。

ですが、その大きな柱だけに依存すると、その柱が折れた時に立ち行かなくなる。

それでは危険すぎます。

副業も多水路の時代です。

もちろん柱は必要ですし、水路は大きいほうがいい。ですが、先ほども話した通り、世の中は変わります。昨日までの大きな水路が一瞬で閉ざされることがある。

だからこそ、いくつもの水路を具現化する動きは忘れてはいけないんですね。

「社会」を意識することの重要性

自分の持ち味を生かして副業を成功させるうえで、もうひとつ大切な考え方があるのでここで紹介しておきましょう。

事例⑪～地元の役に立ちたい！ は副業の推進力になる

仙台を中心にビジネスを展開する創童舎という、マーケティング＆デザインの会社があります。

この会社は、印刷会社の子会社で、その創童舎に、後藤光正氏という男がいます。

この後藤氏。営業もやりながらプロデュースもやるという働き者なんですが、結局、親会社の印刷業務につながる仕事を受注するのが本来の使命です。

で、いろんなクライアントを開拓するために動いていたんですが、そんな中で、地元宮城県が観光の宝庫でありながら、いわゆるインバウンド（外国人観光客）の対応がまるで遅れていることに気づきます。

「これはとても大切なビジネスだ！」

そう痛感した後藤氏は、経営陣に上申して、インバウンド観光プロデュースというプロジェクトを始めます。

宮城県の魅力をもっと世界に広げる！ 世の中の役に立つ！ それが上を動かした根拠でした。

もともと後藤氏は、地元東北学院大学文学部英文学科を卒業後に、旅行業界の名鉄観光サービス（株）に入社しました。

企画営業として国内外の添乗業務も多数経験し、個人の経験も含めて16か国を旅してきました。

その経験が、インバウンド観光プロデュースという発想を与えてくれたのでしょう。

転職した創童舎では広告業に携わり、観光業の経験を生かした地域活性化、地域キャラクター、商品プロモーション、販売促進など幅広く活動します。

彼の仕事はすべて、地域活性＝社会の役に立つ、という考えが軸になっています。

そのひとつ、グループの地域活性化プロジェクト「センダイ自由大学」は、仙台の活性化を願って後藤氏が企画し、後藤氏の会社が運営する市民講座です。

基本は地元の「名人」「達人」「専門家」を講師に、仙台の魅力を増強しようと始めたもの。

後藤氏は2009年開校時からプロデュースに携わり400講座、4000人以上が参加する地域コミュニティーへ成長させました。

地元を英語で語る「Speak out about Sendai」など地域住民とともに展開した地域発信

のプログラムが、ソーシャル＆エコ・マガジンの『ソトコト』をはじめ、多くのマスコミに取材されます。

こうして2016年1月に、「東北の魅力（Attraction）を世界へガイドするインバウンド観光プロデュース会社アトラク東北株式会社」をグループベンチャーとして立ち上げるのです。

地元を自慢する人を増やし、自分たちの街を自分たちで作る観光作り・商品作り・人作りを支援する観光地域作りが狙いです。

今や後藤氏は、副業のはずのアトラク東北がメインの仕事になっていますし、アトラク東北の代表を務めているのですが、地元への愛情と旅行への思い、そしてインバウンド受け入れの充実を願う気持ちにはいささかの曇りもありません。

つまり、いつも社会との関わりが彼を突き動かしているんです。

世の中のため、社会のため。

この大義を否定できる人はいません。だから応援者が生まれます。そこに推進力が生まれます。

後藤氏の小さな問題意識が生んだ「インバウンド観光プロデュース」が、副業を副業としてとどまらせず、大きなうねりを生み出しているのです。

副業としてのアトラク東北ですが、そのビジネスが彼のエッジをますますシャープに見せ、大きく価値あるビジネスへと成長させようとしているのです。

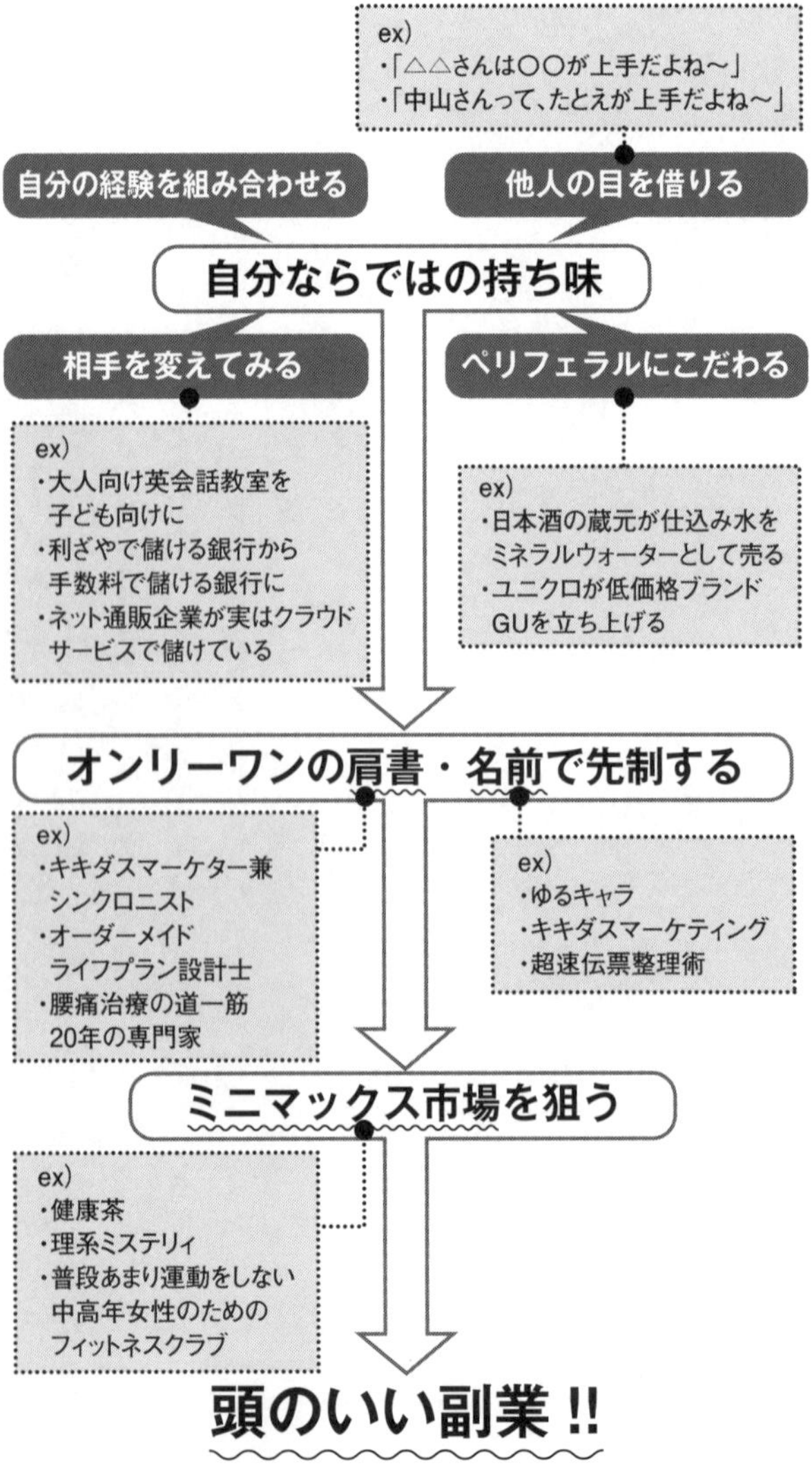
ex)
・「△△さんは○○が上手だよね～」
・「中山さんって、たとえが上手だよね～」
自分の経験を組み合わせる
他人の目を借りる
自分ならではの持ち味
相手を変えてみる
ペリフェラルにこだわる
ex)
・大人向け英会話教室を子ども向けに
・利ざやで儲ける銀行から手数料で儲ける銀行に
・ネット通販企業が実はクラウドサービスで儲けている
ex)
・日本酒の蔵元が仕込み水をミネラルウォーターとして売る
・ユニクロが低価格ブランドGUを立ち上げる
オンリーワンの肩書・名前で先制する
ex)
・キキダスマーケター兼シンクロニスト
・オーダーメイドライフプラン設計士
・腰痛治療の道一筋20年の専門家
ex)
・ゆるキャラ
・キキダスマーケティング
・超速伝票整理術
ミニマックス市場を狙う
ex)
・健康茶
・理系ミステリィ
・普段あまり運動をしない中高年女性のためのフィットネスクラブ
頭のいい副業!!

第4章

あなたの副業適性度をチェックしてみよう

この章では、私が独自に開発した「副業向き不向きクエスチョン」を使って、あなたの副業適性を見てみましょう。

もちろんこの結果で「あんまり向いてないかも！」と出ても気落ちする必要はまったくありません。

あくまでも「大きな傾向として……」ということなので、商品力や努力といった要因は省かれています。

ですが、やはり性格的にも向いているほうがいいと言えばいいし、何よりも自信と信念を持って取り組むことができますよね？　気軽な気持ちで試してみてください。

質問1　物事への取り組み方、あなたはどっち？

A：これと決めたら最後までやり遂げる
B：どんどん新しいことに興味が広がる

どんどん新しいことにチャレンジすることも副業の成功にとっては必要なことです。

結局はいろいろ試してみて、その中から一番いい副業を選ぶ！　という面もあるわけですから。

なので、質問の回答としてはBの「どんどん新しいことに興味が広がる」を選ぶ人が向いているのかな？　と思いがちです。

ですが、多くの副業成功者を見てきた経験から言うと、実は副業の成功に必要なのは、コレ！　と決めたことをとことん追い続けることができる継続力＝Aなのです。


そもそも、誰でも最初から上手になんてできるハズがありません。

最初は誰もがシロウト。

あなたの憧れのあの人も……みんな、最初はシロウトだったんです。

そこから雲母《うんも》が一枚一枚堆積《たいせき》し、大きな岩になっていくように、積み上げてきたから今がある。一足飛びにうまくいくなんていうことはないんです。

だから、あなたには、タイミングを見極めてほしい！　最高のタイミングで船出をしてほしい！　そう思います。

ただ、やろう！　と力むだけではダメ。凡事徹底！

結局、密度の濃い、地道な努力を続けられる人が強いんです。

私の元に副業相談に来る人を観察していると、どうも一足飛びのショートカットを狙う人が多すぎる気がします。

でもね、それをやって、かりに瞬間的にうまくいったような気がしても、それはしょせん、付け焼き刃。なぜなら、「対処法」が身につかないままだからです。

大事な大事な成功までのプロセスとか、失敗しそうなポイント、段取りの妙、悩むべき分かれ道を通らないままの〝成功もどき〟は、真の地力にはなり得ません。

踏むべきプロセスをキチンと踏む。見るべき現実をしっかりと見る。

その中からしか、本当に大事な場面での、適正な判断力など身につくハズがないんです。

どんなことでも、自分の目で見て、自分の肌で確認する。それを知っているかどうか？

ここが成否の分かれ道です。

私が大好きな言葉に、

『未熟でいるうちは成長できる。成熟した途端、腐敗が始まる』

という、マクドナルドの創始者、レイ・クロックの言葉があります。

これでよい！　ここまで来た！

そう思った瞬間に停滞が始まり、腐敗がスタートします。

転がる石にはこけは生えません。常にその先、もっと向こうを見据えて生きる。常にもっと上、もっと上。もっとできる、もっとできる！　そう信じて走ることです。

その連続のことを成長と呼び、その総時間のことを人生と呼ぶのです。

少し成功して、ちょっとだけ名前が売れたりすると、すぐにピノキオのように鼻が高くなる人がいます。

が、そんな程度で、傲慢《ごうまん》になっていたのでは話になりません。

優秀な人間は、かりにそれが副業であろうと、絶対に自分に限界を与えません。今いる場所は新たな次のステップへのスタート台。そのくらいの気持ちでいるんです。

限界を作った途端、そこで終わり。後は後退あるのみです。

常に突き抜ける気持ちだけは忘れないでくださいね。

質問2　欲しいものがあったらどうする？

A：すぐに買う
B：買うかどうか悩む

正解はBです。

後先を考えずにものを買ってしまう人がいます。

一般的には流行に敏感な人に見え、喝采を浴びそうです。

ですが、そうした人は意外と、副業でも目新しいものに飛びついてリスクの高い投資をしがちなんです。


副業をロングレンジで成功させていくには、お金の使い方に慎重なほうがいい。つまり正解はBなのです。

悩むということは、決断力に欠けるという見方もあるでしょうが、本当の決断力は仕事の中で培われていくモノ。判断なんて土壇場でしかできません。これがこれまで沢山の副業をサポートしてきた私の持論です。

で、できるだけ慎重に構え、ストックを多く持ち、ここぞという時に投入する。それが成功の秘訣とも言えます。要はメリハリを持って、イザという時に使えるお金を貯めておくこともきわめて大事です。

悩むということをただの優柔不断と言う場合もありますが、実は判断のための情報を沢山持っているということでもあるんです。

右に行くとこうなる、左に進むとこうなる。

そんないろいろな判断ができるからこそ、一瞬で決めるなんてできない。そういう面もあります。

「いつやるの？　今でしょ！」の林修先生がおっしゃっている言葉。素晴らしいと思います。

ですが、あれはあくまでも受験生に向けてのもの。

同じ条件で、同じ受験日なら、そりゃ早くからスタートしたほうが有利だし、だからこそ、

「今でしょ！」なわけです。

が、ビジネスの世界では、「今でしょ！」が通用しない場合も多いですよね。拙速《せっそく》という言葉がありますが、状況を考えずに慌てて動き、失敗した！　痛い目に遭った！　という場合も多いのです。

そうした〝痛い目〟に遭わないために、「本当に今なのか？」と自ら問える性格の人が、実は副業にも向いているし、地道な努力ができる人だと思うんですよ。

先ほども話した通り、花王のヘルシア緑茶は大成功しました。

そのヘルシア。もろもろの準備が整い、残す課題はひとつだけ！　というところに来ました。

その課題とは……

「特保《とくほ》」です。

特定保健用食品としての認可が下りれば、すべての条件が整う、という時。

発売リミットまでに特保の認可が下りそうにもない、という状況になりました。

社内では、「たかが特保。出してしまえば売れるよ」という声も沢山あがったらしいですが、当時の担当責任者は決然と断ったそうです。

つまり、「正式に特保の認可が下りるまでは発売を延期する」という決断をしたんです。

つまりは、「今でしょ！」の否定です。今ではない！　と決めたわけです。

当時は、飲料で特保の認可を得ているものはなかったそうです。ですからすべてが整い、中でも特保が取れるということは、まさにファーストワン。

かつてなかったことです。

延期を決断してから、あらためて特保の認可が下り、花王は一気に攻勢に出ます。

そしてあのヘルシアの快進撃につながるんです。

もちろん、タラレバの世界では、「あの時、出していても売れたんじゃないか？」という声もあるでしょう。

ですが、ベストタイミングではなかった。そこがすごいのです。

悩んだ結果が、最高の結果を生んだ。そういうことです。

質問3　悩んだ時はどうする？

A：誰かに相談してランチやお金などでお礼をする
B：タダで相談できそうな人に相談する

本業であれば、何をする場合でもいくばくかの予算がつきます。ですが副業はそうはいきません。

限られた自分の資源で副業を回すためには、少ない元手で結果を出さなくてはいけないフェーズが沢山あります。

有償でアドバイスをもらえるサービスももちろん便利ですが、無償で正しい知識を与えてくれる仲間や友人がいることこそ大事です。

人同士の付き合いはお金だけではないのです。一度、有償のサービスを使ってしまうと、そこから離れることはなかなか難しくなります。

相手もプロですから、情報を小出しにして延々とお金を支払わせる仕組みを持っているかもしれません。

そうなったら一体何のために副業をやってるんだ！　って話です。

ですからできるだけ「相談相手」とか「ブレーン」は自前で、身近な人にしたほうがいいのです。

加えて、個人的な知り合いですと、「今度、何かで返すね！」という軽いノリで助けてもらうことも可能ですが、そうでない場合は、すぐに連絡が取れない場合も多くなります。

私自身、友人や教え子たちからいろんな相談を受けます。

中には、「ちょっとこれは、お金をもらわないと合わないな！」と感じることもありますが、そこは友人であり教え子。大切な仲間です。仲間には無償の愛を与えるのです（笑）。

それは関係上、彼らが後から何らかの形で返してくれるという確信があるからです。

もちろん、これは損得ずくで言っているのではありません。返してくれるということは、うまくいったということ。

私のアドバイスが、大なり小なり有効だったということですし、だからこそその喜びを分かち合いたい。それゆえ「無償の愛」なんですよ。

もちろん友達でも何でもない人や教え子でもない人に無償の愛を向けることはありませ

んし、かりにそれをやってしまったら友達や教え子に対する裏切りになります。

つまり、「タダで相談できそうな人に相談する」というのは、いい関係を作れているという証明なんです。

そうしたスペシャリストの仲間を持っていると、いろんな局面で助け、助けられということになります。

この相互補助の関係こそが財産だと思うのです。

かりにお金だけでやり取りする関係だと、往々にしてタイミングを逃し、大事なチャンスを失うということにもつながりかねません。

ですから判断のフットワークを良くするためにも、無償で知恵をくれる仲間を持っていたほうが絶対に有利なんです。

3つの回答から見えてくるものは……？

さて、3つのクエスチョンで、向き不向きのガイドラインを見てきました。

もちろん、この条件だけで考えると、理想は、

1. これと決めたら最後までやり遂げる
2. 買うかどうか悩む
3. タダで相談できそうな人に相談できる

の３つともに合致する人が有利でしょう。

つまり、**辛抱強く、継続ができて、思慮深く、慎重な性格で、気軽に無料で相談できる身近な知人・友人がいる**ということです。

もし、あなたがすべてに当てはまるなら完璧。多くのハードルは乗り越えていけると思います。

ですが、これはあくまでも目安であり、努力要因や社会の動き、トレンドは無視したものです。

３つとも○がつかなかったからといってガックリすることはなく、いくらでも挽回はできます。

　実際に私の教え子たちでも、1個しか○がつかなかったのに、バリバリと副業をモノにしているメンバーもいます。あまり深刻にとらえすぎずに、自分に合った副業を探してみてほしいのです。


　それからもうひとつ。

　これも私がよく言うことですが、何事も自分だけでやろうとしないことです。

　一人の人間ができることなんて小さいし、何よりも知らないことはできないわけです。

　ですから自分では埋められない穴は誰かのチカラを借りて埋めること。悩んでいても少しも前には進めません。

　どんどん人に聞いて、人のチカラを借りながら、形にしていくこと。

　それが何よりも重要です。

　人と接することで思わぬ解決法が見つかることはしょっちゅうですし、あなたが知らないことを知っている人は沢山いるのです。

　副業の場合、人に頼ることは決して悪いことではないのです。

第5章

自分にふさわしい副業が見つかる3つのステップ

何度もお話ししていますが、副業は誰でもできます。

ですが、やはり、できるだけ自分に向いた、しかもペリフェラルで強みのあるビジネスを選ぶことが成功への近道です。

どんなビジネスも、商品がなければ成立しません。それが、カタチのあるモノであろうと、経験とかノウハウ、知識のようにカタチのないモノであろうと、とにかく商品が必要です。

本章ではその商品作りの手順をお教えします。

売りモノではなく売れるモノを見つけよう！

いよいよ、あなたの「持ち味副業」を見つけるステップです。

2行前の見出しを見てください。まず、あなたの「売れるモノを見つけよう！」となっていますね？　売りモノではなく、売れるモノ。この考えが重要です。

よく、副業を考える時に、

「私はこれを売りたい！　私が売りたいのは、この能力だ！」と、自分から一方的に売り込もうとする人がいますが、あれはやめてください。

どうしてか？　その説明をしますね。

さて、そもそも、商品とは何でしょうか？　商品とは、商《あきな》う品と書きますね。つまり、商われないモノを商品とは呼ばないのです。

商うとは、お金のやり取りが生じること。つまり、商品とは、お金を支払ってでも欲しいと思う人がいるモノということができます。

商品＝売れるモノ。つまり、売れるモノを見つけ出すことが、何よりも重要なんです。

ここでは、売れるモノを見つけ出す方法を２つお教えします。あなたがどちらの方法を選ぶかは自由です。

昔取った杵柄《きねづか》があるならどんどん活用しよう

昔取った杵柄という言葉があります。

昔、ある時期に集中して身につけた能力は、そう簡単には消えない！　といったような意味でしょうか？

他方、「昔取った杵柄なんてないですよ！」と言う方もいらっしゃいます。

これ、どっちが有利とかありません。持ち味副業的には、どちらでもオーケー。必ず、あなたの強み＝売れるモノは見つかりますから、安心してください。

事例⑫〜忘れかけていた「杵柄」が見事、副業に

まずは、昔取った杵柄を生かして起業し、気持ちのいい日々を送っているある男性の話を聞いてください。

私の古巣の会社の後輩でH君という男性がいます。

彼はマーケティング会社で、リサーチ業務やプランニング業務の責任者をやっています。

若い頃、会社の売り上げが不安定だったこともあり、休日や有給休暇を利用して勉強し、中小企業診断士の資格を取りました。転ばぬ先の杖というか、未来への投資です。

その後、会社も安定し、彼も管理職として会社の幹部になり、営業先をいくつも持つことになりました。

ある時、クライアントのお一人と飲んでいた際、そのクライアントの知り合いが小さな

会社の経営で苦しんでいるという話を聞き、それなりのアドバイスをしました。するとその相手から連絡が来て、本格的なコンサルティングをお願いしたいと言われたのです。

Ｈ君は本業があるからと一度は辞退しましたが、相手の熱に押され、結局、土日を中心に動くことを条件に引き受けることにしました。

Ｈ君のコンサルは本業のマーケティングの知識もあって思いのほか評判が良く、紹介が紹介を呼び、結局、土日は副業の「中小企業診断士の資格を使ったコンサルタント業」をやることになりました。

今では収入も結構な金額に達し、コンサルタントとしての事務所も借りることになりました。

いつ使うかわからないまま、何となく取った資格や技術が、長い年月の後、こうして副業の核になってくれる。そんな宝の持ち腐れ的な資格を持ったままの人も多いと思います。

その資格がどう生かせるか？　何を生み出すか？　どうすれば死蔵させないで済むのか？　考えてみるのもいいかもしれませんね。

事例⑬～資格取得のための勉強経験が副業に大いに生きる

松林秀典さんは、平成10年、先代社長の父が設立した（有）松林工業に入社、平成16年代表に就任し、今も継続しています。

平成17年、一級建築士試験に合格したことをきっかけに、平成18年から自身が受験のために通っていた建築系大手資格学校であるN学院T校から、一級建築士学科試験アドバイザーとしてオファーを受けます。

時給1800円という提示には大きな不安もありましたが、当時は自分自身の知識のブラッシュアップや能力向上に結び付くという考えのもと受諾します。

生来、人にものを教えることが好きだったこともあり、就任当初から受講生に厚い信頼を受け、学院担当者からも指導力に太鼓判を押してもらう結果となり、翌年から少しずつ時給も上がっていくことになります。

そして2年後の平成20年には、別の講座の講師が急きょ担当を降りることになり、ピンチヒッターを依頼され、そこでも受講生のハートを瞬時につかみ学院側の信頼をさらに深めることになっていきます。

ところが、一級建築士試験は難関資格ということもあり、受験者は年々減少傾向。平成25年に自身が担当していた校舎が閉鎖になりますが、同じ県内の別の校舎での2次試験対策講師としてオファーを受けることに。

その時点で時給は２５００円まで上がっていましたが、2次試験対策になり時給ではなく1年間の年間契約に変更し、年間１００万円ほどの契約をします。

2次試験対策担当として、初年度合格率１００％を達成。

その後も毎年高い合格率を残し、また不合格者もリピーターとしてほぼ１００％在籍することになるとともに、合格者からの口コミもあり、徐々に受講生も増えていきました。

また、別の講座でもオファーが増え、講師としての収入が年間で２００万円ほどにまで上昇。

平成30年には、施設を準備し、閉鎖になったT校再建に向けて協力し、学院の誘致に成功。講師料とは別に家賃50万円の収入を得ることに。

令和2年度からは、再度一級建築士学科講師としての担当も増え、こちらは時給４０００円の契約となり、次年度以降、成果報酬で最大時給1万円の可能性まで提示を受けるまでになりました。

講師活動をさらに充実させるため、コーチングを学んだところ、人財育成や話し方といった講座での講演の依頼も最近は増加傾向にあり、令和元年度は10か所ほどの会場で講演をしました。

資格そのものというより、資格取得のための勉強経験が副業に展開され、その副業が新たなチャンスを生んでいく。

まさに「頭のいい副業」実践の見本のような方ですね。

取り柄のない人なんていない！

では次に、昔取った杵柄がないよ！　というケースについてお話ししましょう。

事例⑭～自分には取り柄がない、と思っていたところに……

Yさんという和食レストランで料理を作っている男性がいます。気さくな性格で、しかもアイデアマン。彼の作る料理は評判も上々、店の売り物でもある日本酒との相性も抜群と、高評価です。

ですが、彼自身は「料理を作る以外には何の取り柄もない男」と自評していました。

で、そのYさん、ある企業立て直しのコンサルタントから相談を受けます。

四国のある酒蔵の経営が傾いていて、そこで造られたお酒が、ものは良いのに売り先がなくて困っている……と。で、売り先となる酒屋さんとか飲食店を紹介してくれないか？　という話です。

最初は、気楽な感じでいくつかの店を紹介できればいいかな？　くらいの気持ちでいたんですが、ある酒販店での取り扱いが決まったことで、風向きが大きく変わります。

要は、本格的に仕事として動いてくれないか？　という要請が来たのです。頼りにされちゃったわけですね。

Yさんとしても乗り掛かった舟で、あまり邪険な扱いはできない。でも時間は、使えても基本、店休日の月曜だけ。そこをやりくりしながら手伝うことにしました。

その時点で、蔵元からは「Yさん紹介のお店は、売り上げの30％を手数料として手渡す」という提案がなされます。

お金の問題ではなく始めたプロジェクトですが、本気でやるには利益が出ないと意味がない。労力を使う以上は、ちゃんと蔵元にも利益を渡し、自分も利益を得られるようにする。そんな提案をすると相手は乗ってきました。

それからYさんの副業としての「販売アドバイザー人生」がスタートします。

もとより、酒販店とか飲食店には顔の利くYさん。親身になって取り扱いを考えてくれる店は沢山あります。

休みの日だけを使って稼働する中で、月間の扱い高もそれなりの額になっていきます。今や月間で15万~20万円くらいの利益は得られるようになってきました。もちろん、メインは店の料理。ここは手を抜くことはできません。

が、自分では料理以外には取り柄がないと思い込んでいたYさんにも、「業界での顔の広さ」「人脈」という副業のタネ=価値があったということなんですね。

彼は今、店の仕事に支障をきたさないようにバランスを取りながら、副業に精を出しています。

実績がないからこそうまくいく副業もある

事例⑮～たいした仕事実績がなくても、組み合わせ次第で思わぬ価値に

新谷まさこさんという女性がいます。独身時代、ギリギリの成績で看護学校を卒業した彼女。地元石川県小松市の市民病院に勤務し、どこにでもいる看護師さんとして、どちらかというと、先輩たちにとっては手間がかかるスタッフでしたと振り返ります。

結婚し、大阪市に引っ越すために退職し、専業主婦へ。長男出産後、知らない土地での子育てをスタートします。

当時は、今ほどネット検索が一般的ではなかったので、「インターネットに接続したら、請求書が来る」というイメージでパソコンは使えず（笑）。

子育て情報といえば古本屋で購入した育児書のみという状態でした。

目の前で泣く赤ちゃんの長男にどうしたらいいのかわからず、「なんで泣くのよ！」と、赤ちゃんを怒鳴りっぱなし。自分すらも傷つけてしまう言動に、心も体も疲労困憊《こんぱい》で泣きっぱなしの毎日を過ごします。

「もう、自分のように、情報がないというだけで、本当の愛を伝えられずに悩むママが増えてほしくない」

そう思い立ち、ブログで、自分が発見した子育ての技を紹介すると、アクセスが伸び、結果、講座を始めることになります。

講座には「まさこさんの講座の方法を盗みに来ました」「どうやって話をしているのか気になりました」と、講座の内容よりも、講座の組み立てや運営に興味を持つ方も増え、ママとしてだけでなく、講師として活動する参加者が半数を超える場面もありました。

そこで、ママが出掛けたくなる講座、ほっとする講座、友達ができるつながりやすい講座。そんな講座が地域に増えたらいいな、と講座作りコンテンツを提供し始めます。

「感想をいっぱい頂ける大人気講座のつくり方」というブログをスタート。全国でのセミナー開催で毎回100人以上が参加。2冊の書籍でブログを紹介してもらえました。

さらに、資格を生かして仕事しようとする方や、すでに活動している方たちと交流し、「立派な資格やスキル、経験、人柄なのに、うまく活動できていない人」のために「一般社団法人日本フリーランスウーマン協会」を設立します。

また、たいした実績はないと言っても、そこは看護師。本業です。その資格を生かして、大阪市保健福祉センターで３０００人以上の相談に乗り、大阪府の夜間小児救急電話相談では、一晩で３人以上の電話相談対応をするかたわら、ママ・パパ向けにアレンジした応急手当や、おうち看護の方法を伝えています。

２０１４年には、念願の書籍『よくある子どもの病気・ケガ　まずの対応マニュアル』を出版。「こんな本が欲しかった！」と評価も上々。

彼女の本籍地はあくまでも看護師です。

そして、それを生かすことで副業が大きく広がっていきました。

そう！　実績がなくても副業はできるんです。実績を作りながら走ればいいんです。

あるいは、一つひとつの実績は目を見張るものではなくても、新谷さんのように「看護師＋子育てママ」として組み合わせれば、経歴が新しい価値を持ち始めることがあります。

私がアドバイスさせていただいた方の中だけでも、思い出す限り、

・大手繊維メーカーに勤めながら、週末は役者で生きているＯＬさん
・自動車メーカーに勤めながら、英語力を生かして「容疑者取り調べの通訳」をやっている男性
・保険のセールスマンをやりながら、営業マナーアドバイザーをやっている男性

など沢山います。

自分の売れるモノが見つかる2つの方法

では、自分の売れるモノを見つけ出す、より具体的な2つのノウハウをお教えしましょう。「プロセス分類法」と「コード分類法」です。

「プロセス分類法」↓昔取った杵柄がある方
「コード分類法」↓杵柄を持っていないと思っている方

に向いています。

自分にふさわしい副業が見つかる①「プロセスアプローチ」

まずは、プロセス分類法の紹介です。
この方法は、以前、手がけていた仕事や、自分の経験・体験を生かして起業したい！という方に向いている方法です。
こんな流れで進めます。
私が独自に見つけ出した、プロセスアプローチという手法です。
ＳＴＥＰ１：自分が過去に経験したことのプロセス＝手順を書き出す
ＳＴＥＰ２：プロセス＝手順の中から、得意な部分を選び出す
ＳＴＥＰ３：選び出した部分をつなげる
え？　これだけ？　と感じました？

そう、これだけです。ですが、この方法、実に深くて、そして効果的なのです。

私自身も、そして私の教え子や仲間たちの多くが勢いよく羽ばたくためのエンジンを手にした、実に頼りになるやり方なんですよ。

そして先ほども話した通り、昔取った杵柄＝華々しい実績や話題性がなくても、最高の強みを見つけられる手法でもあります。安心して頼ってください。


ではここで、ひとつの例でシミュレーションしてみましょうか？

ブログとか、インターネットニュースの記事を書くのを得意にしているあるライターの女性がいます。

私は彼女に、過去にやっていたライティング仕事の流れを、できるだけ細かく書き出すように指示をしました。

ライティングの依頼が来てから納品までのすべての標準的なプロセス＝手順を書き出してもらったんです。

最初は戸惑っていた彼女も、やり始めると面白くなったらしく、積極的に取り組んでくれました。

STEP１：自分が過去に経験したことのプロセス＝手順を書き出す

インタビューで書く記事のタイトルを考える→インタビューする相手を調べる→インタビュー項目を考える→実際にインタビューをする→インタビューした音声とメモを合体し書き起こす→インタビュー記事を読み返す→インタビューから得たキーワードを抜き出す→記事の構成を考える→記事のタイトルを考える→実際に記事を書く→見直し・推敲《すいこう》する。

次に、そのプロセスの中から、自分で自信ありと思える部分を選んでもらいました。
ここでのポイントは、自分が自信あるだけでなく、周囲の人にも評価されているという、自分と他者の双方の評価で考えることです。

STEP２：プロセス＝手順の中から、得意な部分を選び出す

彼女が熟考のうえ選んだのは、

「インタビューで書く記事のタイトルを考える」
というプロセスと、
「実際にインタビューをする」
という2つのプロセスでした。

つまり、彼女は、自分の書いた文章に、チカラのある、読ませるタイトルをつけることと、相手の良さを引き出すインタビューの部分に自信を持っているわけです。

おそらく、過去に仕事相手から褒められたり、感心されたりしたことがあるんでしょうね。

ニコニコと人を引き付ける笑顔で、一生懸命相手の話を聞いている彼女の顔が目に浮かぶようです。

最後のステップです。

STEP3：選び出した部分をつなげる

その2つを強引にでもつなげてみてはどうだろうか？　そんな発想をしてみます。

すると、こんな言葉が導かれます。


『読ませるタイトル力が評判の、引き出すインタビュー名人』


どうですか？

見事に、強みが言葉になったでしょ？　これがプロセスアプローチです。

このフレーズがあれば、優秀なライターを探している出版社の編集者の目には高確率で留まります。

だって考えてもみてください。いくら良い記事を書いたとしても、タイトルが魅力的で面白くなければ決して読まれません。読まれなければ書かなかったのと同じ。無駄です。

ですから、誰もがタイトルに力を注ぐし、タイトルをつける能力の持ち主は引く手あまたなわけです。

あなたも経験があると思いますが、電車の中吊り広告の特集記事なんて実に魅力的なタイトルがついていて、あのタイトル次第で雑誌の売り上げも大きく変わってくるんです。

だから、このフレーズを見ると、欲しくて欲しくてたまらなくなっちゃうんですね。

こうして彼女は見事に自分を売り込むことに成功し、売れっ子のライターに成長していきました。

『読ませるタイトル力が評判の、引き出すインタビュー名人』

という一行が彼女の人生を変えたんです。

これ、副業を始める際にも取り入れたい手法ですよね。

自分にふさわしい副業が見つかる②「コードアプローチ」

次はコード分類法の解説です。


昔取った杵柄なんてないよ！　とおっしゃるあなたに。

そんな方には、ｃｏｄｅ（コード）アプローチがベストです。

ＳＴＥＰ１：まずは、何でもいいから自分の経験したことを書き出す

手掛けたことのある仕事の
カテゴリ＝コードを書き出す！

- コピー取り
- 伝票記帳
- 財務資料作成
- 売上管理
- 伝票仕分け
- 経費計算
- 在庫情報管理
- 仕入れ値管理
- 表作り
- 数式
- 年末調整
- 源泉徴収
- 関数計算
- そろばん
- 決算
- データ分析
- グラフ作成
- 数値確認
- エクセル
- 請求書発行
- 給与計算
- 電卓
- 暗算
- 請求回収
- 支払い回収
- 数値計算
- データ入力
- データ更新
- 支払い決済

STEP2：その中から、自信のあるコードを選び出す
STEP3：選んだ部分をつなげる
STEP1：まずは、何でもいいから自分の経験したことを書き出す

例えば、あなたが何の資格も持っていない経理部員だったとします。まずは何でもいいから、自分の経験したことを書き出します。

かりに、ほんのわずかな経験しかなくてもいいので、あなた自身が手掛けたことのある仕事のコード分類を書き出してみましょう。

コード分類とは、例えば日誌や日報を書く場合に、やった仕事のカテゴリ＝codeごとに費やした時間を計算して、申告したりしますよね？　あれです。あの分類codeで分けてみるんです。

例えば前ページの図のような感じです。

ＳＴＥＰ２：その中から、自信のあるコードを選び出す

ここでもポイントは、自分が勝手に自信があると決めつけるのではなく、周囲の人からの評価を加味して考えることです。つまりは客観性です。

客観的であるということは、つまり、お客さんの目線ということです。お客さんの目になって考えるべきなのです。

上司に褒められた、同僚にいいねと言われた、など何でもいいですが、周囲からの客観的な評価を基準に考えてください。

経理部で働く知人女性にやってみてもらった時には、彼女は「関数計算」「電卓」「売上管理」「請求書発行」「給与計算」「決算」という6つのコードを選びました。

ＳＴＥＰ３：選んだ部分をつなげる

では選んだコードをつなげてみましょう。項目は6個あります。

「関数計算」「電卓」「売上管理」「請求書発行」「給与計算」「決算」

ですから組み合わせも実にたくさんです。

が、ここではこんな並べ方、つなげ方をしてみました。


『電卓一台で、売上管理から関数計算、給与計算、決算までができ、請求書まで作れる方法をお教えします』

ね？　魅力的なフレーズができたでしょ？


加えてこのフレーズは、素敵な仕事を呼び込んでくれるフレーズです。

どうしてか？　ここで表現された人物像は、中小零細企業の経営者には実に魅力的な人物だからです。

小さな会社の経営者は、常に人手不足・人材不足に悩み、苦しんでいます。特に、お金の面を任せられるスタッフを渇望しているんです。が、そうした人材はなかなか現れません。そうした小さな会社のオーナーにとっては、

『電卓一台で、売上管理から関数計算、給与計算、決算までができ、請求書まで作れる』はとても心強い味方で、「当社のスタッフに、ぜひそのやり方を教えてほしい！」と考える人は多いはずです。

ですから、この1行があるだけで、圧倒的な引き寄せ力が生まれます。コード分類法の威力、ご理解いただけたでしょうか？

結論。

私たちの売りモノとは、「困っている誰かを助ける武器」です。それが言葉になった瞬間に、売れるモノ、になるんです。

それは誰かを安心させ、ほっとさせるフレーズです。つまり、○○を解決する能力や商品、それを言葉にしたモノのことを、売りモノ＝売れるモノと言うんです。こんな観点で、あなたの売れるモノを考え、副業にしてみてください。

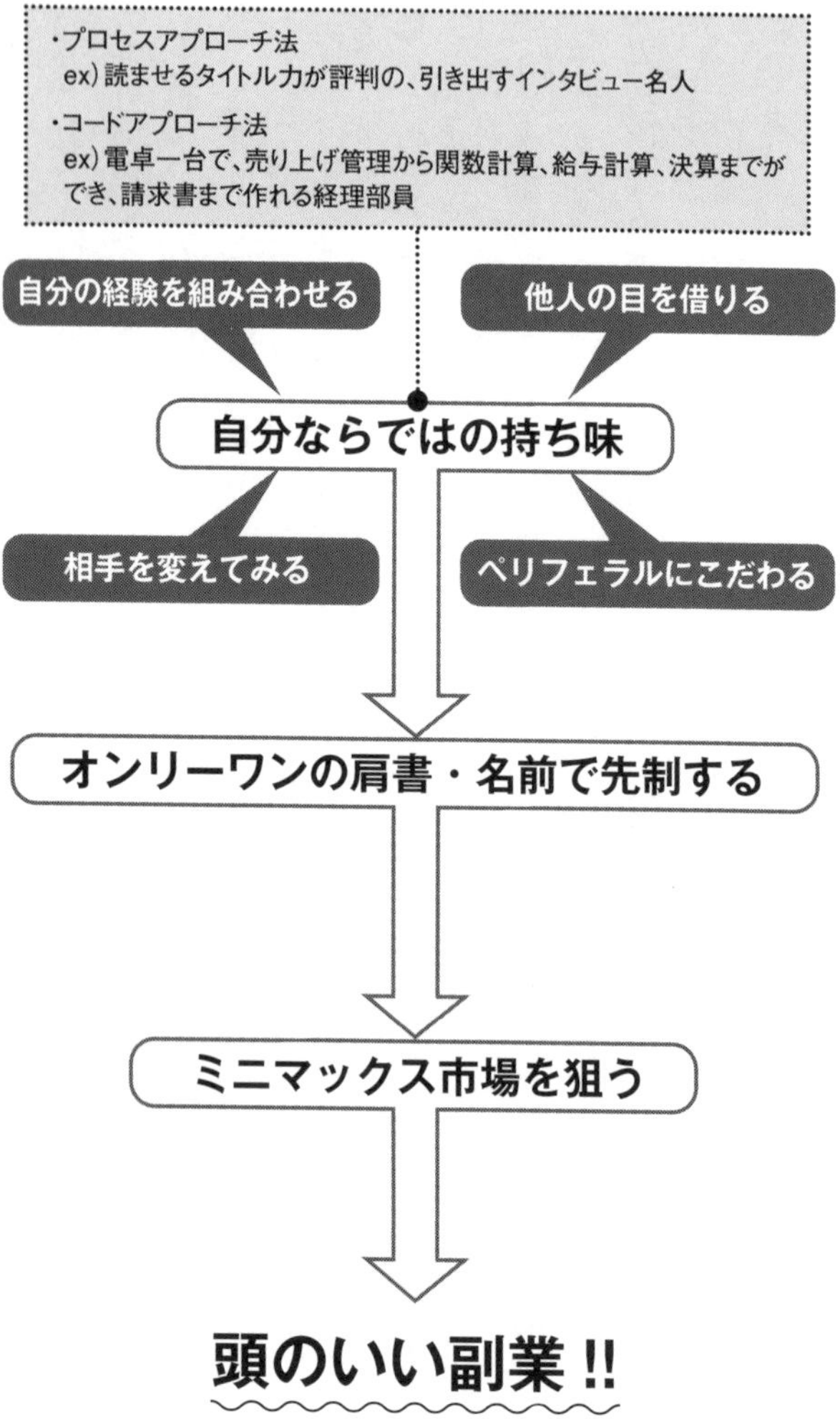
・プロセスアプローチ法
ex）読ませるタイトル力が評判の、引き出すインタビュー名人
・コードアプローチ法
ex）電卓一台で、売り上げ管理から関数計算、給与計算、決算までができ、請求書まで作れる経理部員
自分の経験を組み合わせる
他人の目を借りる
自分ならではの持ち味
相手を変えてみる
ペリフェラルにこだわる
オンリーワンの肩書・名前で先制する
ミニマックス市場を狙う
頭のいい副業!!

第6章

こんな副業のカタチも知っておこう

副業に定型はありません。

すべてフリースタイルだし、あなたらしさをカタチにすればいいのです。

ですが、自分で考えただけでは、どんな副業が考えられるのか？　イメージが湧かない！と言う人も多いと思います。

本章では、「自信がない」「何を武器にしていいのかわからない」とおっしゃっていた方が実現できた、いくつかの事例を見ながら、あなたに持ち味副業の可能性を実感していただきたいと思います。

「自分の仕事に近いかも？」という視点で読んでいただき、武器作りの参考にしてみてください。

あなたがメーカーの購買担当だったら……

あなたがかりに、自社製品に必要な資材を買い付ける、メーカーの購買担当だとしましょう。

事例⑯～一見地味な仕事も、大いなる可能性を秘めている

実際に私のところに相談に来たYさんという方がいます。

Yさんは恐るおそるという感じで、「私に売りモノなんてありますか？」と切り出しました。

いろいろとYさんの話を聞いたうえで、私はこう言いました。

「まず、Yさんは、価格交渉のプロですよね？　今の時代、仕入れに関しては1円でも下げたい人がほとんど。値引きを要求される側にとってはたまったものではないですが、あなたの交渉スキルはいろんな人を救うはずです」

例えばですが、「値引き交渉の専門家」と名乗るだけで、そのやり方を教えてほしいと寄ってくる人は多いでしょうし、「大型取引価格交渉のテクニック集」なんていうのも販売できる可能性は大いにありますよね？

そんなことを伝えると、Yさんの眼がキラキラと輝き始めます。

私はさらに続けます。

「それから購買をやっていると、世の中、場合によっては海外の企業と多くのつながりが

できてきます。その人的ネットワークも実は他から見ると垂涎《すいぜん》の的。涎《よだれ》が出るくらい欲しいものだったりします。もちろんネットワークを構築する中では、より良い取引先を選別する目やノウハウも身についていくはずです」

つまり、「取引先を見極める目利き」です。

世の中の企業はできるだけ良い相手と有利な条件で取引したいものです。ですが、特に若い会社はなかなかその経験を持ち得ない。

ですから、そうした若い会社を相手にした**「取引先選別コンサルタント：選び方次第でコストが何十パーセントも下がります！」**のような言い方もできますよね？

一見、地味な「購買」という仕事ですが、実は大いなる可能性を秘めているんです。

Yさんは自信をつけ、前向きに副業に取り組んでみたいと言って帰っていきました。

その後、Yさんは、土日をメインにした活動で、月平均20万円くらいの副業が維持できているそうです。

こんなイメージであなたもぜひチャレンジしてください、というのが私の考えです。

あなたが問屋の庶務だったら……

さて、あなたがもし、食品問屋の庶務の仕事をしているとしましょう。

事例⑰〜〝取るに足らない〟事務職だからこそ価値がある

実際に相談に来られたH子さんも、そんな庶務の仕事を長年務めるベテランでした。

そもそも庶務というのは、オフィス内のあらゆる業務を引き受ける仕事で、実に多様な仕事です。

いわゆる私たちが事務員の仕事として頭に浮かべる業務のほとんどは、庶務の守備範囲と言ってもいいでしょう。

具体的には、資料作成とかデータの入力、コピーやファイリングなどのデスクワークがあります。

ほかにも、小口現金の管理、郵便物の送付業務、電話応対や、また、会社への来客の接遇なども庶務の仕事となっています。オフィスで使用している消耗品や事務用品などの備品管理を庶務が行っている会社もあります。

要は……オールラウンドなんです。

一つひとつの仕事を細分化して、専門化する場合が多いです。

が、これらを全部まとめて「ジェネラリスト」としてやっている会社はあまりなさそうです。

だとしたら、**「事務職のオールラウンダー育成トレーナー」**なんていう言い方ができますよね？

あるいは、**「全方位事務職育成コンサルタント」**という表現も可能でしょう。

で、H子さんの話を聞いていくうちに、H子さんにはある能力というか、特殊な経験があることに気づきました。

H子さん、問屋さんの事務ですから、結構、複雑なお金の流れがわかっているはずです。

だったら、**「複雑なお金の流れをシンプルに変える事務総合職」**なんていう言い方もアリかもしれません。

問屋さんというのはそもそも卸業ですから、実にシビアな金銭感情が要求されます。

かつて問屋さんは帳合《ちょうあい》と呼ばれていました。帳合とは帳面と帳面を突き合わせて取引をするところから来ているわけです。

ですから相手によっては「問屋で事務をやっていた」というだけで、とても高く評価してくれる場合もあります。

実際にH子さんは、会社を辞めていった友人たちを頼り、「事務のエキスパート」として数社にアプローチしました。

結果、一社が「ぜひ相談に乗ってほしい」ということで、いわゆる顧問契約のような形で、サポートすることになりました。

H子さん、月額はさほどの金額ではなくとも、こうして頼ってくれる会社があることに感激し、毎週、少ない時間だけでも、その会社に顔を出し、事務作業の改善に注力しています。

本人にとってはどうってこともなかった経験や能力が、実は他の人の役に立つということを実感したんですね。

あなたも、取るに足らない事務職などと卑下することなく、胸を張って主張してくださいね。

あなたが食品メーカーの営業マンだったら……

世の中の多くは「営業系」の仕事です。

要は、何らかの形で「売るチカラ」が重要になってきます。

小さな会社の経営者だって、多くは営業マンみたいなものです。売らなければ仕方がない……。

で、そんな営業マンですが、「しょせんただの営業なんで……」というような言い方をする人がいますが、それ、おかしいです。

営業って、ビジネスの基本ですし、セールスなくしてビジネスは成立しないんです。かりに自分が営業マンとしてたいした成績を収めていなくても、あきらめる必要はありません。

事例⑱～他人の実績を活用した、うまい副業

私の友人Ｉ氏は、ある大手食品会社の営業マン。成績は中くらいです。

ですが、彼は副業を始めたいと私に相談に来て、結果、営業コンサルタントを副業とし、成功しています。

どうやっているのか？　と言えば、彼の会社や、知り合いの会社の「売れっ子営業マン」にインタビューをし、事例を集め、それを冊子にして、セールスマンに販売したりしています。

あるいは会社が休みの日を使って営業セミナーを開催し、自分の会社の売れっ子営業マンや、別の会社の売れっ子営業マンを講師に呼んで集客しています。

そう、自分が営業マンとしての実績がたいしてなくても、こうすれば多くの人に求められる副業になるのです。

これ、よくよく考えると、有名な誰かのやり方に似ていませんか？

そう、ナポレオン・ヒルです。

ナポレオン・ヒルは、鉄鋼王カーネギーの発案を受け、20年間無報酬で「成功哲学」を集中的に研究しました。

カーネギーがピックアップした500人にインタビューし、成功者の成功プロセスを徹底的に追究。成功者に共通する〝思考〟と〝やり方〟を分類・整理してまとめあげたのです。

それが、『思考は現実化する』というスーパーな本の中身です。

つまり、このように、自分がスーパーではなくても、決して悲観することはないし、副業の材料はいくらでもあるということなんですね。

先ほども話した通り、営業職は世の中の中心です。

つまり、需要は常にあるし、また大きいのです。

他人の能力をプロデュースするのもまた、副業の切り口のひとつなんですね。

あなたが飲食店のホールスタッフだったら……

飲食店のホールは、ノウハウの宝庫です。

まずは接客トーク。特に新しくスタートする店舗の場合は、どうしても販売戦力をアルバイトスタッフに頼ることが多いので、その教育が急務です。

要はアルバイトの教育トレーナーという立場で売り込めばいいのです。

事例⑲～子育て、介護……時間の制約を逆手に取る

私が仲良くしている奥様（Mさん）は、つい先日まである居酒屋のカリスマ店員でした。とにかく気が利くし、心配りはできるし、笑顔は可愛い。アルバイトではあったものの、彼女にお客さんが沢山ついている状態。彼女が店にいる日だけ通ってくるお客さんがいるくらいの人気者でした。

その彼女が結婚し、妊娠・出産。

しばらくは家庭に入っていましたが、やはり仕事好きの虫が騒ぎ始めたんです。

私のところに相談に来て、「フルタイムでの仕事は、小さな子どもがいるので無理」ということで、ではフルタイムではなくできる仕事を……と、二人で知恵を出し合いました。

で、結局、私が辿り着いたのは、「土日の昼間だけ稼働する、居酒屋のアルバイトトレーナー」だったんです。

これぞペリフェラルの典型。彼女が身につけてきた、まさに経験知がすべて生きるのです。

しかも土日の昼は居酒屋も比較的暇な時間が多い。

ですから、かりに夕方からオープンの店でも少しだけアルバイトさんに早く出勤してもらい、その時間で彼女がトレーニングをする、という流れです。

私が知り合いの飲食店数店に声をかけたら、即、2軒から依頼が来ました。

もちろん彼女の古巣の店からも依頼が来ました。

店のことを誰よりも熟知しているMさんがトレーナーをやってくれるのは渡りに船だからです。

店も嬉しいし、彼女も嬉しい。そんな、まさにWINWINの関係です。普通にアルバイト求人誌で探してもそんな副業はまず出てはこないのですが、別角度で考えると実は需要はある。そういうことでした。


ご主人は出版社に勤めていて時間も不規則。なかなか子育てに使える時間も少なく、彼女の本業「子育て」は多忙を極めます。

でも、副業としてのトレーナーも実に大事。

体が続く限り頑張る！　彼女はそう言います。

彼女は今、計6軒の店のトレーナーをやっていますが、とても楽しそうに、充実した副業人生を送っています。

あなたが整体師・マッサージ師だったとしたら……

整体とかマッサージの資格を取って、独立している人、多いですよね。開業している人も沢山います。

ですが、どうしてもライバルは多いし、価格競争にはなるし……で、苦戦している人も多いようです。

そんな時は、こう考えてみてはいかがでしょうか？

「施術の相手を変えてみる」

事例⑳〜相手を変える、組み合わせる……で可能性がグンと広がる

私がコンサルティングをさせていただいた赤塚さんという女性治療家がいます。

腕は確かです。ですが、気がつけば周囲にはライバルがヤマのようにいます。

大手のチェーンも進出してきて、あっという間に価格競争の渦の中に巻き込まれそうになっていました。

私はなんとかそれだけは避けさせたいと思いました。一人でやっている小さな院のレベルでは、価格競争は致命傷になるからです。

で、彼女の経験をいろいろと聞いていると、あることがわかりました。赤塚さん、実は治療家になる前は保育園の保育士をしていたんです。

要は、保育士の免許を持ち、保育園で働いていたわけですね。

だとしたら、その頃の経験を生かして、小さな子どもをメインに扱う整体とかマッサージを立ち上げよう。

私はそう提案しました。

『子どもの心と体を熟知した元保育士の治療院』

狙いはズバリ当たりました。この1行だけで、院の特徴は完璧に伝わりますし、小さな子どもを持つ親御さんの頭には完全にインプットされます。

つまり、かりに小さなお子さんの様子がおかしい時には真っ先に思い出してもらえる。

そういうことになりますね。

もちろん、子どもだけでなく、ママたちも続々と施術を受けにやってきます。子どものことに詳しいのなら、ママの気持ちもわかるよね？　ということです。

で、こうなると、治療家で、しかも保育士の経験を持つ人というのはそうはいないでしょうから、他の人がなかなか簡単には追随できない！　ということになります。

あくまでも本業は大人への施術です。

が、副業としての「子ども対応」が、彼女の強みを鮮明にしているんです。

「相手を変えてみる」

「異質の経歴を組み合わせてみる」

前にもお話ししましたが、この子ども相手の場合に限らず、相手を変える、経歴を組み合わせるという切り口で、可能性はいくつも見つかるはずです。

例えば、介護の経験者がやる「高齢者向けの施術」。

主婦＝奥様の経験を持つ人の「主婦専用の整体術」とか。

そんな感じで発想を広げてみれば、可能性はいくらでもありそうです。

あなたの持ち味を生かす副業は？

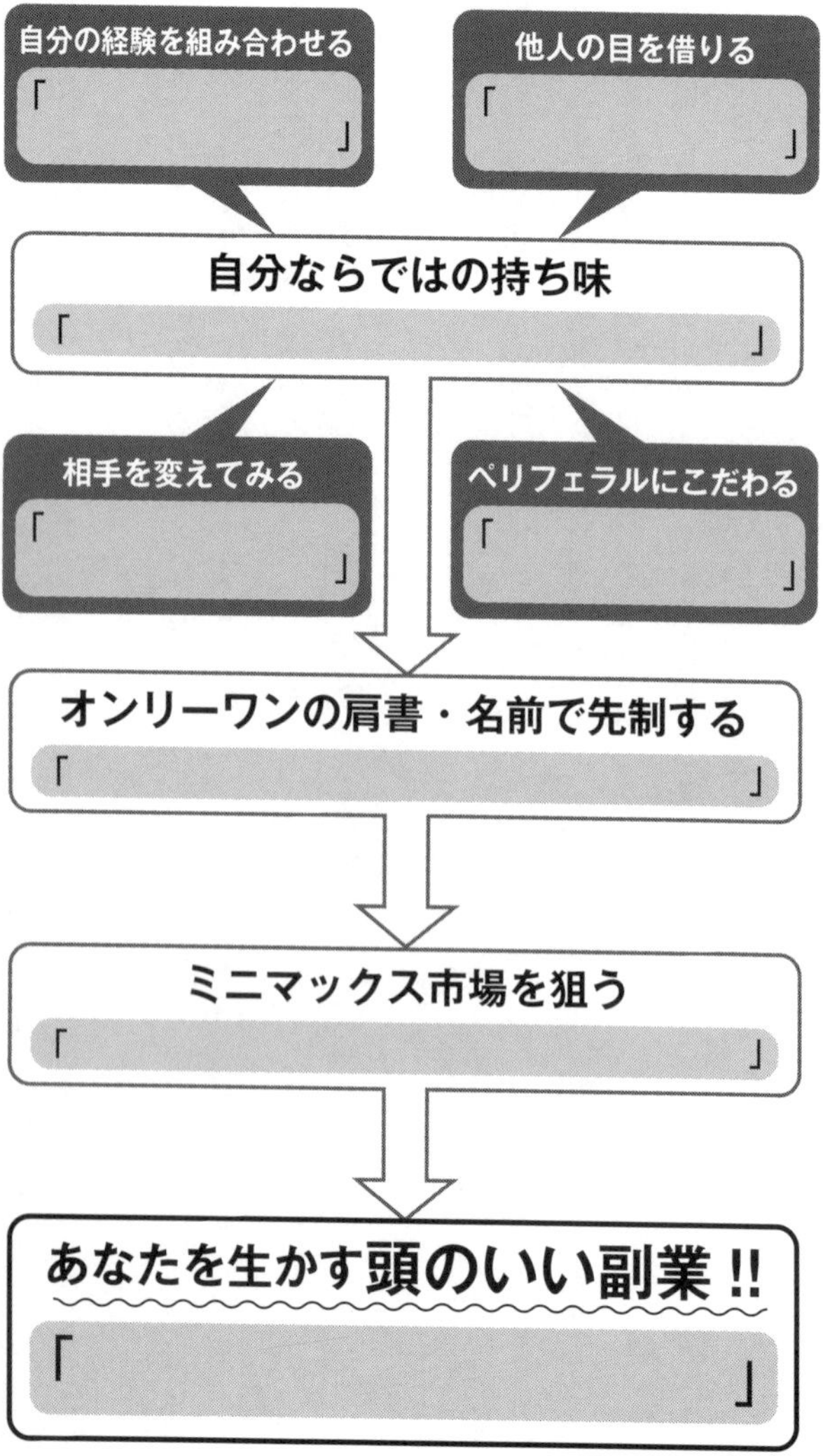

おわりに

副業はビジネスです。

場合によっては生活とか人生を支えてくれる、とても頼りになる「糧《かて》」と呼んでもいいかもしれません。

ですが、それ以上に、「あなたらしくいられる場所」だとも思っています。

本業は、かなりの部分、窮屈です。

外してはいけないし、壊してはいけないし、ずらしてはいけない、常に「中心にあるべきモノ」だと思うんです。決まりごとがヤマほどあります。

が、副業は違います。

あなた自身をぶつけていいし、さらけ出して構わない。

50歳を超えての副業には不安もあるかもしれません。でも、逆に、可能性も楽しみも、そしてやりがいもある。それが副業です。

もちろん、大失敗は困りますが、この本には失敗しないやり方も沢山書いておきました。

また、かりに失敗したとしても、小さな失敗なら何度でもやり直しが利く。終《つい》の棲家《すみか》とは考えなくていい。そこが嬉しいです。

だからチャレンジなんです。

この本のテーマは、「頭のいい、持ち味副業」です。

冒頭にも書きましたが、誰にでも持ち味はあります。それは、必ずある。その持ち味を賢く使って、副業にぶつけてほしいんです。

多少の尻込みする気持ちがあったとしても、ちょっとした赤提灯か小料理屋の暖簾《のれん》をくぐるくらいの勇気を持ってトライしてみてください。

私自身、独立起業以来、ずっと新しい仕事というかビジネスジャンルを見つけ続けてきました。

最初はマーケティングのプランナーで起業デビューし、そこから著者になりました。

この時点で「本を書く」という仕事は私にとって副業でした。

ですが、毎年4冊ほどを書くようになると、「あれ？　こっちが本業なのか？」とも考えるようになりました。

2冊目の本が売れて、そこから「個人向けのブランディング」を手がけるようになりました。

すると、執筆よりもこっちが本業なのかも？　と考えるようにもなりました。

ですが、2012年に出した『フリーで働く！と決めたら読む本』がおかげさまで大ヒットし、知らず知らずのうちに「起業アドバイザー」のような位置づけになっていきます。

もちろん求められてそうなっていくんですが、どれが本業でどれが副業なのか？　わからない状態です。

ですが、それでいいのだと思います。


本当は本業と副業の境界などないのだと思うし、これからはますますそうなっていくと思います。

ただひとつだけ言えること。

それは先ほども書きましたが、「あなたらしさを忘れずにいてほしい」ということ。

例えば、義務感とか、例えば、外からの影響とか……。

そんなものを感じるようになったら、それは副業とは言えないのだと思います。

気持ちよく、軽やかに、自分らしく……。

それをいつも意識しながら副業を楽しんでください。
あなたの持ち味が生かされることを待っている人は必ずいます。
それを信じてください。

令和二年の年明けに……

中山マコト

◇中山マコト公式サイト◇

「言葉のチカラを武器に走れ！」

https://www.makoto-nakayama.com/

↑

副業の相談もこちらから

青春新書
INTELLIGENCE

こころ涌き立つ「知」の冒険

いまを生きる

〝青春新書〟は昭和三一年に――若い日に常にあなたの心の友として、その糧となり実になる多様な知恵が、生きる指標として勇気と力になり、すぐに役立つ――をモットーに創刊された。

そして昭和三八年、新しい時代の気運の中で、新書〝プレイブックス〟にその役目のバトンを渡した。「人生を自由自在に活動《プレイ》する」のキャッチコピーのもと――すべてのうっ積を吹きとばし、自由闊達な活動力を培養し、勇気と自信を生み出す最も楽しいシリーズ――となった。

いまや、私たちはバブル経済崩壊後の混沌とした価値観のただ中にいる。その価値観は常に未曾有の変貌を見せ、社会は少子高齢化し、地球規模の環境問題等は解決の兆しを見せない。私たちはあらゆる不安と懐疑に対峙している。

本シリーズ〝青春新書インテリジェンス〟はまさに、この時代の欲求によってプレイブックスから分化・刊行された。それは即ち、「心の中に自らの青春の輝きを失わない旺盛な知力、活力への欲求」に他ならない。応えるべきキャッチコピーは「こころ涌き立つ〝知〟の冒険」である。

予測のつかない時代にあって、一人ひとりの足元を照らし出すシリーズでありたいと願う。青春出版社は本年創業五〇周年を迎えた。これはひとえに長年に亘る多くの読者の熱いご支持の賜物である。社員一同深く感謝し、より一層世の中に希望と勇気の明るい光を放つ書籍を出版すべく、鋭意志すものである。

平成一七年

刊行者　小澤源太郎

著者紹介

中山マコト〈なかやま　まこと〉

フリーランス成功実現アドバイザー兼コピープロデューサー。言葉のチカラを駆使し、ライティングサポート、集客サポート、販売力増強サポートなどを次々と手がける。2001年の独立起業以来、1000人以上の起業、副業を支援。中小企業、個人事業主の“独自化ブランディング”に絶大な手腕を発揮し、言葉のチカラを駆使した集客の仕組み作りに定評がある。近年はサラリーマンが会社にいながら「副業」で成功する手ほどきも教えていて好評を博す。
著書に『「バカ売れ」キャッチコピーが面白いほど書ける本』『「バカ売れ」キラーコピーが面白いほど書ける本』(以上、KADOKAWA)などがある。特に2012年5月に刊行した『フリーで働く!と決めたら読む本』(日本経済新聞出版社)は発売直後から増刷を重ねて「フリーで働くブーム」を牽引した。

5 0 代《ごじゅうだい》から自分《じぶん》を生《い》かす
頭《あたま》のいい副業術《ふくぎょうじゅつ》

青春新書
INTELLIGENCE

2020年4月15日　第1刷

著　者　中《なか》山《やま》マコト

発行者　小澤源太郎

責任編集　株式会社プライム涌光
電話　編集部　03(3203)2850

発行所　東京都新宿区若松町12番1号　〒162-0056　株式会社青春出版社
電話　営業部　03(3207)1916　振替番号　00190-7-98602

印刷・中央精版印刷　製本・ナショナル製本

ISBN978-4-413-04593-3

©Makoto Nakayama 2020 Printed in Japan

本書の内容の一部あるいは全部を無断で複写(コピー)することは著作権法上認められている場合を除き、禁じられています。

万一、落丁、乱丁がありました節は、お取りかえします。

こころ涌き立つ「知」の冒険！

青春新書 INTELLIGENCE

人生は「2周目」からがおもしろい	齋藤 孝	PI·578
腸から脳を整える最新栄養医学 発達障害は食事でよくなる	溝口 徹	PI·579
元日本テレビ敏腕プロデューサーが明かす 勝つために9割捨てる仕事術	村上和彦	PI·580
定点写真でめぐる東京と日本の町並み	二村高史	PI·581
図説 地図とあらすじでわかる！ 釈迦の生涯と日本の仏教	瓜生 中［監修］	PI·582
転職の「やってはいけない」 自分を活かす会社の見つけ方、入り方	郡山史郎	PI·583
野球と人生 最後に笑う「努力」の極意	野村克也	PI·584
武道と日本人 世界に広がる身心鍛練の道	魚住孝至	PI·585
「親の介護・認知症」でやってはいけない相続	税理士法人レガシィ	PI·586
英会話 その〝直訳〟はネイティブを困らせます	デイビッド・セイン	PI·587
中高年がひきこもる理由 臨床から生まれた回復へのプロセス	桝田智彦	PI·588
50代からの人生戦略 いまある武器をどう生かすか	佐藤 優	PI·589
すぐ怠ける脳の動かし方	菅原道仁	PI·590
図解ハンディ版 腸を温める食べ物・食べ方	松生恒夫	PI·591
これ一冊で日常生活まるごとOK！ 英会話 ネイティブの1行フレーズ2500	デイビッド・セイン	PI·592
50代から自分を生かす頭のいい副業術	中山マコト	PI·593

※以下続刊

お願い　ページわりの関係からここでは一部の既刊本しか掲載してありません。
折り込みの出版案内もご参考にご覧ください。